KB123215

우리가 도시를 바꿀 수 있을까?

우리가 도시를

도시를
가꾸고 만들고 지켜낸
시민들의 이야기

바꿀 수

최성용 지음

있을까?

동아시아

차례

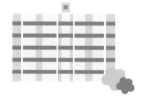

2부 시민의 움직임을 가로막는 것들

프롤로그

1997년과
2002년의 서울광장

1

1998년 6월 14일 새벽 0시 30분 광화문 네거리. 평상시에는 주로 광고를 틀어대던 한 신문사의 전광판 화면이 축구 경기로 바뀌었다. 자정의 도심은 평상시보다 훨씬 한산했다. 4년 만에 열린 월드컵 본선 첫 경기였으니, 그 시간에 깨어 있는 사람이라면 축구를 좋아하든 싫어하든 TV 앞에 있었다. 그때 단 한 무리의 사람들이 비 내리는 새벽 광화문 네거리 한 귀퉁이에 모여 있었다. 거리 응원의 시작이었다.

국가대표 축구 서포터스인 '붉은악마'가 대중에 알려진 것은 1997년 9월 프랑스월드컵 아시아지역 최종 예선 B조 3차전 때였다. 이날의 경기에 '붉은악마'는 47명의 원정 응원단을 도쿄에 파견했다. 47명의 '붉은악마'는 경기장을 온통 파란색으로 채운 5만여 '울트라 닛폰'에 포위된 5,000여 명의 한국 응원단을 열정적으로 이끌었다.[1] 1 대 0으로 뒤지던 대한민국 축구팀은 후반 8분을 남긴 상황에서 연속으로 두 골을 넣어 경기를 뒤집었다. 이 경기는 '도쿄대첩'이라는 별칭이 붙었다. 다음 날 거의 모든 언론은 극적인 경기 결과와 더불어 '붉은악마'를 조명했다. 그리고 대한민국 축구 대표팀은 '1998 프랑스월드컵' 본선에 진출했다.

본선 첫 경기가 열린 6월 14일, 경기장에 가지 못한 '붉은악마'들은 광화문 네거리에 모여 응원을 했다. 광화문 네거리에는 대형 전광판이 여럿 있었고, 인도와 건물 앞 공간이 넓어 사람들이 모이기 좋았다.

처음 광화문에서 밤을 새울 때만 해도 여론이 좋지만은 않았다. '뭐 하러 저 고생을 하면서 새벽에 밖에서 축구를 보냐', '경기장도 아닌 곳에서 응원을 한다는 것이 말이 되냐'라는 시각이 많았다. 하지만 부정적인 시선을 뚫고 사람들은 계속 모여들었고, 프랑스월드컵이 끝난 이후에도 축구 국가대표팀의 경기가 있는 날이면 사람들은 으레 광화문 네거리로 모였다. 평상시 축구 경기가 있을 때도 이러했으니, 국내에서 열린, 어느 때보다도 16강 진출 가능성이 높았던 2002 한일월드컵의 한국팀 첫 경기가 열린 날에 광화문 네거리로 사람들이 모인 것은 당연했다. 그런데 모인 사람들의 수가 예전과는 완전히 달랐다.

한일월드컵 D조 예선 대한민국 대 폴란드의 경기가 열리기 전까지만 해도 광화문 네거리의 널찍한 인도와 건물 앞 공간은 전광판을 바라보며 응원하는 사람들을 거뜬히 수용했다. 그때 모인 사람들은 대부분 '붉은악마'라고 불리던 대한민국 축구 국가대표 서포터스였다. 그런데 폴란드와의 경기가 열린 그날은 15만 명이 몰려들었다. 다른 때보다 많은 인원이 몰릴 것이라 예상은 했지만, 15만 명은 예상 인원의 세 배가 넘는 숫자였다. 이들은 서포터스가 아니었고, 축구팬이라 부르기도 어려운(물론 축구를 좋아하는 사람들도 있었겠지만), 대한민국 국민이었다. 이때부터 서포터스만이 아닌, 일반 국민도 '붉은악마'라 불리게 되었다.

15만 명이 광화문 네거리에 모인 이날 경기에서 대한민국은 월드컵 역사상 첫 본선 승리를 따냈다. 그것도 간신히 운 좋게 이긴 것이 아니라 2 대 0 완승이었다. 월드컵 열기는 하늘을 찔렀고, 6일 후 미국전에 대한 기대는 높아만 갔다. 그와 동시에 서울시에는 큰 걱정이 하나 생겼다. 예전에는 붉은악마들이 광화문 네거리에 모이면 인도만 잘 정리해주면 됐다. 폴란드전 때는 인도와 가까운 차도 몇 개를 막아야 했다. 그런데 미국전은 과연 어떨 것인가. 지금이야 우리가 광장문화에 익숙해졌지만, 당시만 해도 다른 일도 아닌 축구 보겠다고 광화문의 차로를 통제하고 자동차가 다니지 못하게 하는 것은 상상하기 어려운 일이었다. 게다가 그날 경기는 미국전이었고, 광화문 네거리에는 미국 대사관이 있었다. 만약에 있을지도 모르는 불상사도 우려됐다.

광화문에 모일 사람들을 분산할 필요를 느낀 서울시는 고심 끝에 광화문 인근의 널찍한 공간을 찾아다녔다. 한 통신회사가 발 빠르게 전광판을 설치하겠다고 나섰다. 물론 전광판 옆에는 자사의 로고를 큼직하게 박아놓아 전광판을 만든 비용의 몇 배나 되는 효과를 누렸다. 자동차 도로로 둘러싸여 있고, 여름에는 분수가, 겨울에는 크리스마스트리가 설치될 뿐 평상시 사람들의 접근이 허용되지 않았던

한·일 월드컵 미국전이 있던 날 광화문 네거리. 당시만 해도 차도를 비워둔 채 인도에 모여 월드컵을 응원했다. ©《연합뉴스》

서울시청앞광장은 그렇게 시민들에게 개방됐다. 공교롭게도 미국전이 열린 2002년 6월 10일은, '서울시청앞광장'이 마지막으로 시민들로 가득 메워졌던 1987년 6월 항쟁이 일어난 지 딱 15년 된 날이었다. 15년 전, 서울시민들은 군부독재로부터 민주주의를 쟁취하기 위해 서울시청앞광장을 점거했다. 15년 후, 서울시민들은 축구 경기를 응원하기 위해 서울시청앞광장으로 모였고 서울시는 장소를 열어놓았다. 시대가 바뀌었다.

　시민들에게 개방된 서울시청앞광장에는, 4년 전 시민들이 처음으로 거리응원을 나섰던 그때의 광화문처럼 비가 내렸다. 비 내리는 중에도 사람들은 계속 서울시청앞광장으로 모여들었다. 서울시가 기대한 인원은 3만에서 5만 명이었다. 그렇게 서울시청앞광장이 광화문 네거리의 인구를 분산시켜주면 성공이라고 생각했다.[2]

이날 서울시청앞광장에는 15만 명이 모였다. 광화문 네거리에도 15만 명의 사람들이 모였다. 결과는 1 대 1 무승부. 같은 시각 포르투갈이 폴란드를 이기면서 우리나라는 남은 포르투갈전에서 비기기만 해도 16강에 오를 수 있게 됐다.

6월 14일, 대한민국 최초의 월드컵 16강 진출 여부를 결정지을 대한민국 대 포르투칼의 경기가 열렸다. 서울시청앞광장에 47만 명이, 광화문 네거리에 45만 명이 모였다. 결승골을 넣은 박지성은 히딩크 품에 안겼고, 대한민국은 이겼고, 16강에 진출했다. 시민에게 개방된 서울시청앞광장의 수명도 연장됐다. 6월 18일 이탈리아와의 월드컵 16강전 경기에는 전국 311개 장소 350만 명이 길거리 '붉은 악마'가 되었다. 22일 스페인전 전국 500만 명, 25일 독일전에는 전국 650만 명으로 절정을 이루었다. 독일전에는 서울시청앞광장에 80만 명이 모였고, 광화문 네거리에는 55만 명이 모였다.[3] 2002년 6월 한 달 동안 시민들은 광장문화를 온몸으로 즐겼다. 우리도 광장을 가져야 한다는 여론이 일었다. 그리고 1년 후, 오랫동안 자동차에 둘러싸여 있던 서울시청앞광장은 35년 만에 시민이 자유롭게 이용할 수 있는 보행광장이 됐다.

2

1996년 8월, 일군의 사람들이 현수막을 들고 서울시청 앞에 모였다. 현수막에는 "서울시청 앞을 보행자 광장으로"라고 적혀 있었다. 시민교통환경센터가 주축이 된 '걷고싶은서울만들기운동본부(시민

서울시청앞광장을 보행광장으로 바꾸자고 주장하는 시민단체 회원들.

교통환경센터, 참여연대, 서울YMCA, 환경운동연합 등 9개 시민단체가 참
여)' 회원들의 피켓 시위였다.

서울시청앞광장은 역사적으로도 중요한 역할을 많이 한 장소였
다. 3·1운동이 있었고, 4·19혁명이 있었고, 6월항쟁이 있었다. 이 역
사적인 장소가 자동차에 둘러싸여 시민들의 접근이 원천적으로 막
힌 것은 1960년대의 일이다. 소공동 일대를 재개발하면서 빈민들
을 서울 외곽으로 추방했고, 그 자리에는 호텔을 비롯한 고급 빌딩
이 들어섰다. 서울시청앞광장을 중심으로 교통량이 늘어났고, 서울
시내 곳곳의 도로는 시청 앞으로 이어졌다. 1968년 전차 운행이 중
단되고, 광장에 분수대가 들어서면서 서울시청앞광장은 공식적으로
교통광장이 됐다.[4]

이날 모인 시민들은 자동차에 빼앗긴 광장을 시민에게 돌려달라
는 요구를 했다. 이들은 단순히 피켓 시위만 한 것이 아니었다. 보행

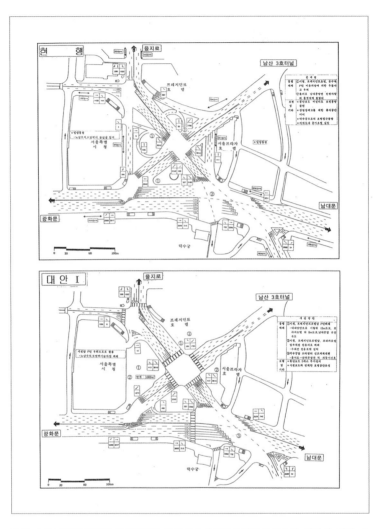

당시 서울시청앞광장의 현황(위)과 걷고싶은서울만들기운동본부가 제안한 대안 중 하나(아래).

광장으로 만들기 위한 실질적인 대안을 마련했고, 이를 현실화하기 위해 행정기관과 여러 차례 협의를 거쳤다. 서울시 교통기획관, 교통운영과장, 서울지방 경찰청 교통관리과장 등의 시정부와 교통 관련 연구원, 시민단체가 함께하는 자문회의도 여러 번 개최했다. 당시 가장 큰 쟁점은 교통 문제였다. 지금은 서울광장과 서울시청사가 보행로로 연결되어 있지만, 당시에는 그 사이에 차도가 지나갔다. 광장이 광장으로서 제대로 된 역할을 하기 위해서는 이 차도를 없애야 했다.

도심의 차도를 없앤 경험이 한 번도 없었던 사람들은 차도가 사라질 경우 발생될 교통 정체를 걱정했다. 시민교통환경센터는 여러 전문가의 자문을 얻어 몇 가지 대안을 제시하며 적극적으로 자동차에 둘러싸인 광장을 시민의 광장으로 만들기 위해 노력했고, 협의와 자문, 논의를 반복하며 서울시청앞광장을 시민의 광장으로 바꾸기 위해 머리를 맞대었다. 성사될 것 같았던 서울시청앞광장의 보행광장화는 1997년 10월, 교통체증을 우려한 서울시 경찰청이 공식적으로 반대하고, 행정에 의해 새롭게 제시된 안은 애초에 사람의 공간으로 만들려는 취지를 제대로 담지 못해 걷고싶은서울만들기운동본부에서 거부하면서 잠정 보류로 결정이 났다. 서울시청앞광장을 시민의 광장으로 만들려던 시민들의 최초의 시도는 그렇게 무산됐다.[5]

3

자동차로 둘러싸인 서울시청앞광장을 보행광장으로 바꾸려는 시민들의 최초의 시도가 좌초된 후 걷고싶은서울만들기운동본부는 해체됐다. 하지만 이후 이 모임을 주도했던 시민교통환경센터는 단체의 이름을 걷고싶은도시만들기시민연대로 바꾸고 서울 도심에 시민의 광장이 필요하며, 그 대상지로 '서울시청앞광장'이 적지임을 알리는 활동을 지속했다. 그러던 중 2002 한일월드컵이 열렸다.

시민들은 광장문화를 만끽했다. 그동안 잠재되어왔던 광장 조성에 대한 요구가 일었다. 걷고싶은도시만들기시민연대는 '시민광장 조성을 위한 토론회'를 개최하고 시민여론조사를 하는 등의 노력을 기울였다. 4년 전, 서울시청앞광장을 시민의 광장으로 만들려 했던 사람들은 적극적인 언론 투고 등을 통해 광장의 필요성을 알렸고, 광장문화를 체험한 많은 시민은 이에 동의했다. 사회 각계각층에서 광장 조성을 요구하는 목소리가 나왔고, 서울시청앞광장의 보행광장 조성은 시민단체 회원과 전문가들을 넘어 서울시민의 관심사와 바람이 되었다.

월드컵 열기가 한참 뜨거웠던 2002년 6월 13일, 제3회 지방선거가 있었다. 그 선거에서 한나라당 이명박 후보는 새천년민주당 김민석 후보를 약 10퍼센트 차이로 제치고 서울시장에 당선됐다. 신임 이명박 시장은 시민들의 요구를 받아 서울시청앞광장을 보행광장으로 만들겠다고 발표했다. 2002년 8월 '시민광장 조성 추진위원회'가 구성되었고, 시민 설계 공모 등의 절차를 거쳐 2003년 5월 1일, 드디어 서울시청앞광장은 시민의 광장이 됐다. 그로부터 1년 후, 시민 공모를 통해 '서울광장'이라는 새로운 이름을 얻었고, 지금까지 서울의 중심 광장으로서 시민들의 사랑을 받고 있다.

도시에서 의미 있는 대규모 공간이 만들어지면, 우리는 그것을 만들었을 때의 시장을 떠올린다. 이명박 서울시장 시절 만들어진 서울광장은 그래서 이명박 서울시장이 만든 것처럼 보인다. 물론 시장의 결정은 도시공간 조성에 굉장히 중요한 역할을 한다. 하지만 도시공간은 그렇게 어느 한 사람에 의해 만들어지지 않는다. 그 일이 있기까지 우리가 잘 모르는 많은 시민의 노력이 쌓여 있다. 그런 시민들의 노력과 행정이 만나면 우리의 도시는 좀 더 살기 좋은 도시로 나아갈 수 있다. 우리 도시에서 일어나고 있는 변화 중 상당수는 이렇게 시민사회의 노력, 시민들의 욕구와 동참, 행정의 움직임이 더해져 일어난다. 그렇게 횡단보도가 만들어지고, 횡단보도 보도턱은 낮춰지며, 청계천은 복원되고, 북촌 한옥마을이 철거되지 않고 살아남으며, 도시정책의 의사결정에 시민이 참여할 수 있게 됐다.

1997년, 시민단체와 전문가, 행정이 함께 머리를 맞대어 여러 가지 대안을 만들었을 때도 결국 무산되었던 '서울시청앞광장의 보행 광장화'는 2002년 시민들이 광장문화를 경험하고, 많은 시민의 공감과 요구가 모이자 현실이 됐다. 1997년과 2002년의 차이는 얼마나 많은 시민이 함께했느냐의 차이였다. 시민이 함께 목소리를 내고 행동하면 도시를 바꿀 수 있다. 우리는 잘 알지 못하지만, 지금 우리 도시의 모습이 만들어지기까지 많은 시민의 노력이 있었다. 이 책은 우리의 도시를 살고 싶은 도시로 만들어온 시민들의 행동에 대한 이야기다.

1부

시민이 만든 도시

01

서울광장을
지켜낸 시민들

1

광장의 핵심은 시민들의 자유로운 이용이다. 시민들이 서울 한복
판에 광장을 가지려 했던 이유는 시민들이 꿈꾸는 다양한 활동을 펼
칠 수 있는 공간을 갖고 싶었기 때문이다. 우리의 도시는 빈틈없이
꽉 짜여 있다. 도시 속 공간은 공간의 이름이 지어짐과 동시에 그에
걸맞은 행위를 요구한다. 오피스빌딩은 업무를, 가게는 재화와 서비
스의 거래를, 도서관은 독서와 정숙을, 공연장은 감상과 열정의 발
산을, 공원은 휴식과 산책을 요구한다. 광장은 다르다. '광장'이라는
이름을 갖는 순간, 그곳은 모든 행위에 열린 공간이 된다. 광장에서
휴식을 취하면 공원이 되고, 공연을 하면 공연장이 되고, 책을 읽으
면 도서관이 되고, 집회나 시위를 하면 의견 표출의 장이 된다. 광장
은 그런 곳이다. 모든 행위와 행위자에 열려 있는, 비어 있는 공간.
그 빈 공간을 채우는 시민에 의해 광장은 다양한 모습을 갖는다.

시민들의 자유로운 이용이 광장의 핵심이며, 광장은 시민의 공간

이 되어야 한다. 하지만 행정은 그 공간을 자신의 의도 아래 운영하려 했다. 그런 조짐은 서울광장을 조성하는 과정에서부터 드러났다. 서울시는 시민에 의해 광장을 만들려는 모양새를 갖추었지만 딱 거기까지였다.

2002년 7월, 서울시는 광장 조성을 원하는 시민들의 목소리를 받아 서울시청앞광장을 시민광장으로 만들겠다고 발표했다. 그리고 연이어 시민광장 조성을 위한 중요한 두 가지 절차를 밟는다. 하나는 시민과 전문가로 구성된 '시민광장 조성 추진위원회'를 만든 것이고, 또 하나는 광장설계 현상공모를 한 것이다. 광장 조성을 위한 시민들의 오랜 노력과 요구를 인정하고, 시민의 광장에 어울리는, 시민의 의견이 적극적으로 반영된 광장을 만들겠다는 서울시의 의지 표현이었다. 하지만 실제 조성 과정에서 추진위원회의 의견은 무시되었고, 현상공모 당선작은 취소되었다.

공개적인 절차를 거쳐 당선된 설계안은 한양대 서현 교수팀의 '빛의 광장'이었다. '빛의 광장'에는 2,000여 개의 모니터가 바닥에 설치된다. 이 모니터는 시민에게 임대된다. 시민들은 모니터를 통해 연인과 이벤트를 벌일 수도 있고, 자신이 좋아하는 연예인을 응원할 수도 있고, 자신의 주장을 펼칠 수도 있다. 광장 한편에는 서비스 스테이션service station이 있어, 이를 통해 전원, 음향 등을 제공해 광장에서의 시민 활동을 지원해준다. 서현 교수가 밝힌 설계 의도는 다음과 같다.

우리는 모니터를 통해 이야기를 하고자 했다. 우리 시대의 야심을 보여주고자 했다. 이 시대의 모습을 광장에 새겨놓고자 했다. 그것은 행정 관료의 여과를 거치지 않는, 인터넷을 통한 새로운 직접민주주의 시대의 모습이었다. 단군 이래 처음으로 정보통신을 통해 세상의 1등이 되기 시작한 대한민국의 모습이었다. 모니터는 시민들에게 임대된다. 시민들은 임대한 모니터에 자신의 이야기를 담아 올리고 각각의 사연과 그림이 담긴 2,000개의 모니터들은 집합적으로 모여 광장의 모습을 결정한다. 시민들의 투표 용지가 모여 선거의 결과를 만들 듯.

낮 시간에는 광장의 일상이 진행된다. 인라인스케이트도 타고 커피도 마신다. 벼룩시장도 열리고 전시회도 열린다. 장애인용 엘리베이터, 배경 스크린, 화장실, 내장스피커 등이 모두 설치되어 있으니 원하는 이벤트를 상상력만큼 벌이면 된다. 밤이 되면 광장은 더욱 밝아진다.

당선안인 '빛의 광장'.

모니터가 환하게 빛나면서 이곳은 '빛의 광장'이 되는 것이다.[1]

'빛의 광장'은 심사위원들의 지지 속에 정당한 절차를 통해 당선됐다. 하지만 '빛의 광장'은 기존의 광장에서는 볼 수 없었던 새로운 기술을 적용해야 하는 어려움이 있었다. 특히나 설계안의 핵심 요소인 광장 바닥에 모니터를 설치하는 것이 기술적으로 가능한지에 대한 논의가 일었다. 당선팀은 온도와 습도, 유리 긁힘 등 제기된 문제들이 기술적으로 해결 가능함을 증명하기 위해 백방으로 뛰어다녔다. 각계의 전문가들을 만나 방법을 찾았고, 예산을 절감하기 위한 논의도 설계팀과 서울시, 추진위원회 사이에서 지속되었다. 그렇게 당선작이 선정된 지 1년이 지난 2003년 12월 24일, 크리스마스이브에 설계팀에 한 통의 전화가 온다. '빛의 광장'은 장기적 과제로 유보하고, 2004년 '하이서울페스티벌'에 맞춰 임시광장을 조성하기로 결정했다는 통보였다.[2, 3]

정당한 절차를 통해 선정된 당선작을 정당한 절차 없이 취소했다. (공식적으로는 취소가 아니라 유보다. 현재 우리가 보고 있는 잔디광장은 임시광장이다. 하지만 지금 아무도 잔디광장이 임시광장이라고 생각하지 않는다. 당선작은 취소됐다.) 그리고 그곳에는 아무런 절차 없이 잔디가 깔렸다. 그 이유는 2004년 5월 1일 이전에 광장을 개장하기 위함이었다. 하이서울페스티벌은 이명박 서울시장 시절 시작된 서울의 대표적인 축제다. 서울에 커다란 축제가 있었으면 좋겠다는 시장의 생각, 그것을 기왕이면 자신의 치적이라 할 수 있는 서울광장에서 하고 싶다는 욕구에 맞추어야 했다. 제1회 하이서울페스티벌은 차도를 막은 서울시청앞광장에서 열렸다. 2회는 개장된 서울시청앞광장에서 하고 싶었다. 제2회 하이서울페스티벌의 개막 날짜가 2004년 5월 1일이었다. 서울광장은 서울광장이라는 새롭게 생긴 공간과 하이서울페스티벌이라는 새로 생긴 축제를 한곳에서 만나게 해 시장의 치적을 더 많이 알리는 도구로 사용됐다. 시민공모라는 절차보다, 더 나은 광장을 만들려는 시민들의 논의보다, 시장의 치적을 알리기 위한 5월 1일 개장이 더 중요했다. 공모 당선작은 무시됐다.

이 과정에서 시민추진위원회의 의견 역시 무시됐다. 당시 추진위원회 위원장을 맡았던 걷고싶은도시만들기시민연대 강병기 대표는 '시민참여를 천명한 신임 민선 시장이 추진위원회를 통해 진정한 시민참여를 할 것이다'라고 믿었던 자신이 순진하고 어리석었음을 한탄했다. 그에 따르면 설계 당선자에게 취소 통보가 가기 3개월 전 회의 때부터 서울시가 당선안을 무효화하려는 기미가 보였다고 한다. 2003년 9월부터 이듬해 2월까지 몇 차례 회의가 있었고, 추진위원들은 당선안의 현실화를 위해 노력할 것을 주문했으나 이미 결론은 나 있었다. 추진위원회 위원장은 고민 끝에 걷고싶은도시만들기시민연대 대표의 이름으로 당시 상황의 부당함을 알리는 메일을 시장에게 보냈다. 시장은 위원장을 만나 '직원들의 미숙한 진행으로 시장의 뜻이 잘못 전달됐다'라며 유감을 표명했으나, '이미 공사 발주가 끝나 어쩔 수 없다'라고 답변했다.

하이서울페스티벌의 시작 날짜에 맞춰 서울광장에는 잔디가 깔렸다. 조성위원들의 의견은 무시됐다. 서울시는 홈페이지를 통해 조

성위원들의 명단을 공개하며 시민참여로 광장이 조성되고 있다고
선전했다.[4]

　잔디광장은 절차상에도 문제가 있지만, '잔디'라는 특성이 갖는
배타성도 문제로 지적됐다. 잔디는 살아 있는 생명체로 많이 밟으면
죽는다. 아무래도 시민의 자유로운 활동이 제약될 수밖에 없다. 그
런 이유로 시민사회는 잔디를 반대했지만 소용없었다. 우려는 현실
로 나타났다. 매주 월요일은 '잔디가 쉬는 날'로 시민의 출입이 금지
됐다. 큰 행사가 치러지고 나면 잔디 보식을 이유로 출입이 금지됐
다. 겨울이면 '잔디가 얼어요'라는 푯말이 붙어 출입이 금지됐다. 봄
이면 '잔디가 자라고 있어요'라는 푯말이 붙어 출입이 금지됐다. 서
울광장 개장 후 1년이 지났을 때 잔디 보호를 이유로 시민의 출입이
금지된 날짜를 더하니 1년에 210일이 되었다. (지금은 서울 도심에 여
러 광장이 있지만, 당시만 해도 서울광장이 유일했다. 잔디 보호를 위해 서
울시민은 1년에 210일을 광장 없이 지내야 했다.) 잔디를 상하게 할 수
있는 하이힐을 신은 사람은 광장 출입이 금지됐다. 안내 요원들이
광장 주변에서 하이힐을 신은 사람들을 쫓아다니며 길을 막았다.

시민의 출입을 막는 안내문. 잔디 보호를 이유로 시민의 출입이 금지되는 상황은 지금
까지 이어지고 있다. 왼쪽 사진은 2005년 촬영. 오른쪽 사진은 2017년 촬영.

2

광장에서의 시민의 자유로운 활동을 막으려는 시도는 안내 요원들이 하이힐을 신은 사람들을 찾으면 쫓아다니는 것에 머물지 않았다. 광장이 개장한 2003년부터 광장조례가 개정된 2010년까지, 광장의 이용 권리를 둘러싼 서울시와 시민들 간의 힘겨루기가 이어졌다. 시민들은 광장은 시민의 공간이며 시정부는 광장의 원활한 운영을 위한 관리의 역할만을 맡아야 한다고 주장한 반면, 서울시는 광장에서의 행위를 시의 통제 아래 넣으려 했다. 그 첫 시도는 서울광장조례라고 불리는 '서울특별시 서울광장의 사용 및 관리에 관한 조례'의 문구를 통해서 이뤄졌다. 서울광장조례에는 시민의 자유로운 이용을 가로막는 몇 가지 독소조항이 있었다. 광장의 사용 목적을 '시민의 건전한 여가 선용과 문화활동'으로 제한했으며, 시민이 광장을 이용하기 위해서는 '신고'가 아닌 서울시의 '허가'를 받아야 한다는 조항이 있었다. 그리고 '광장의 조성 목적에 위배되는 경우' 서울시장이 사용을 불허할 수 있다고 명시했다. 서울광장조례의 제정으로 광장의 이용 여부를 서울시가 마음대로 정할 수 있는 법적 근거가 마련됐다. 실제로 서울시는 비슷한 성격의 행사임에도 어떤 행사는 허가하고 어떤 행사는 광장의 목적에 맞지 않는다는 이유로 불허했다.

광장을 서울시 마음대로 운영하고자 하는 욕망은 조례 제정을 넘어 광장 자체를 서울시청 소속 부지로 만들려는 시도로까지 나아갔다. 2004년 11월 30일, 서울시장은 《서울시보》를 통해 서울시청과 서울광장을 하나로 묶어 서울시청 부지로 만들겠다는 내용의 시설

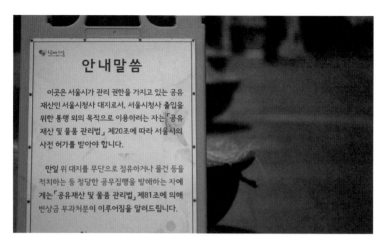

서울시청 앞마당에 놓인 안내문. 만약 서울광장이 시청사 부지로 바뀌었다면 이 안내문이 서울광장 곳곳에 설치됐을지도 모른다

변경안을 공고했다. 이 안건이 서울시의회를 통과하면 서울광장은 더 이상 광장이 아닌 시청 앞마당이 될 것이었다. 그렇게 되면 서울광장에서의 시민의 모든 행위는 서울시의 통제 안으로 들어간다. 수년 동안 시민들의 노력으로 만들어진 광장은, 겉모습만 남은 채 사라질 수도 있었다.

3

다행히 2020년 현재, 서울광장은 여전히 광장으로 남아 있다. 서울광장을 시청 앞마당으로 바꾸려는 시도는 시민사회의 반발을 불러왔다. 시민사회는 성명서를 내고, 기자회견을 하고, 의회를 압박했다. 당시 서울시의회는 이명박 서울시장과 같은 당인 한나라당 의원이 다수를 차지하고 있었지만, 시민들의 이런 움직임을 무시할 수 없었다. 서울시의 시도는 시의회를 떠돌다 유야무야 사라졌다.

시민사회의 빠른 대응이 가능했던 이유는 광장의 공공성을 지키려고 눈을 부릅뜨고 지켜보던 시민단체가 있었기 때문이었다. 걷고 싶은도시만들기시민연대, 문화연대, 경실련 도시개혁센터는 광장 조성 이후에도 함께 모여 광장의 공공성을 확보하기 위한 활동을 하고 있었다. 이들이 있었기 때문에 서울시의 시도는 발각됐다. 당시 서울시 의회의 유일한 진보정당 의원이었던 심재옥 의원도 의회 안에서 고군분투하며 서울광장과 관련된 정보를 시민사회에 알려주었다.

광장 이용 여부를 서울시가 자의적으로 재단할 수 있는 서울광장조례를 개정하기 위한 노력도 지속됐다. 서울시는 2005년 4월, 한 단체의 민주열사합동추모문화제를 위한 서울광장 사용을 불허했다. 불허의 이유는 광장 조성 목적에 맞지 않는다는 것이었다. 하지만 서울시는 바로 몇 달 전 '군·경 의문사 희생자를 위한 추모제'와 'KAL 858기 실종사건 17주기 추모제'를 허가했다. 서울시의 자의적인 판단에 따라 입맛에 맞지 않는 행사를 불허한 사례였다. 시민사회는 이 일을 국가인권위원회에 제소했다. 국가인권위원회는 이러한 서울시의 행위는 평등권을 침해한 것이며, 서울광장조례가 '헌법'과 '집회 및 시위에 관한 법률'에 위배되므로 조례를 개정할 것을 권고했다.[5]

서울시는 국가인권위원회의 권고에도 조례의 독소조항을 개정하지 않았다. 하지만 당시는 광장 조성 초기였고, 9개 단체의 연합으로 구성된 서울광장연대가 활동하고 있었고, 국가인권위원회의 권

차벽으로 둘러싸인 서울광장. ©《연합뉴스》

고도 있었기 때문에 서울시가 드러내놓고 자의적 허가권을 휘두르지는 않았다. 시민사회의 서울광장에 대한 관심과 활동이 뜸해진 오세훈 서울시장 시절에 이르러 서울시의 자의적 허가와 불허가 늘어났다. 급기야 2009년 노무현 전 대통령의 서거 국면에서 서울광장은 차벽으로 완전히 차단되면서 서울광장조례개정운동에 다시 불이 붙었다. 참여연대를 중심으로 한 시민사회에서는 10만 2,741명의 시민 서명을 받아 서울광장조례의 개정을 요구했고, 서울시의회의 의결, 오세훈 시장의 재의 요구, 서울시의회의 재의결, 오세훈 시장의 공표 거부, 서울시의회 의장의 직권 공표, 오세훈 시장의 대법원 제소 등을 거쳐 2010년 9월 27일에서야 개정·시행됐다.⁶

개정된 조례는 '시민의 건전한 여가선용과 문화활동'만을 광장의 목적으로 명시한 기존 조례에 '공익적 행사 및 집회와 시위의 진행

등'을 추가했다. 허가제는 신고제로 바뀌었고, 시장은 원칙적으로
시민의 사용 신고를 수리해야 하며, 특별한 사유로 이용을 제한해야
할 경우 시민들로 구성된 '서울특별시 열린광장운영 시민위원회'의
의견을 들어 수리 여부를 결정하도록 했다. 덧붙여 "성별, 장애, 정
치적 이념, 종교 등을 이유로 광장 사용에 차별을 두어서는 안 된다"
라는 조항이 신설됐다. 국가인권위원회의 조례 개정 권고가 나온 지
4년 만이었다. 시민들의 힘이 모여 만들어낸 결과였다.

　서울광장 조성을 계기로, 서울 광화문 일대에 여러 광장이 조성
됐다. 2005년 청계광장이, 2009년 광화문광장이 만들어졌다. 2016
년에서 2017년으로 넘어가는 겨울, 우리는 광화문 광장에 모여 민
주주의를 지켜냈다. 그 움직임은 인근 청계광장과 서울광장으로 연
결됐다. 광장 사이의 도로를 우리는 광장처럼 이용했다. 광화문 일
대는 거대한 광장이 되었다.

　평상시 광화문광장과 서울광장, 청계광장에서는 세월호 진상 규
명을 위한 문화제, 한일 위안부협상 무효를 주장하는 집회, 퀴어축
제, 태극기집회, 싸이의 공연, 축구 응원, 사랑의 김장 담그기, 취업
박람회가 열린다. 친구를 만나고, 똥 모양 조형물을 배경으로 사진
을 찍으며, 바닥분수에서 어린이가 뛰어논다.

　16년 전 서울에는 서울광장도, 청계광장도, 광화문광장도 없었
다. 대한민국의 중심 거리라 할 수 있는 그곳은 온통 자동차가 빨리
지나가기 위한 구조로 되어 있었다. 시민들은 그곳을 광장으로 만들
었다. 이제 광화문 일대는 대한민국의 중심 거리에 걸맞은, 시민들
의 목소리와 행위가 모이는 장소가 됐다.

횡단보도가 높이고,
보도턱이 낮아지기까지

1

아이가 자전거 뒷바퀴에 달린 보조바퀴를 떼어낸 건 일곱 살 때였다. 보조바퀴를 뗀 처음 한 달 동안은 아파트 단지에서 자전거를 탔다. 아이는 자전거를 타고, 나는 자전거 뒤를 잡고 함께 뛴다. "놓는다! 놓는다!", "봤어? 봤어?", "놓지 마! 놓지 마!", "잡았어! 잡았어!", "놓은 것 아니지?" 따위의 대화가 반복되면서 아이는 조금씩 균형을 잡아갔다. 동네 아주머니들이 아이를 응원하는 소리가 들렸다. 그 소리에 아이는 우쭐해서 페달을 더 세게 밟았고, 난 그 뒤를 따라갔다. 그렇게 아이의 자전거 실력은 늘었고, 아파트 단지는 좁아졌다. 이제 동네로 진출할 차례다.

하지만 아파트 단지 바깥으로 나가기 위한 100미터도 안 되는 짧은 거리에, 일곱 살짜리 초보 자전거꾼에게 위협이 될 만한 난코스가 세 곳이나 있다. 우리는 각각의 난코스를 1단계, 2단계, 3단계라 불렀다. 그 길을 지날 때마다 "1단계 통과~!" 따위를 외치며 무사통과를 자축했다. 세 곳의 난코스는 모두 '턱'과 관련이 있다. 1단계는 자동차와 사람이 함께 사용하는 아파트 앞마당에서 인도로 올라가는 턱, 2단계는 계단, 3단계는 인도에서 차도로 내려가는 턱이었다. 다행히 세 곳 모두 경사지어 있다.

　우리 아이가 자전거를 타고 통과해야 하는 2단계 경사로는 계단 옆을 빙 둘러 설치된 길이다. 계단을 잘 걸어 다닐 수 없는 사람들, 휠체어나 유아차를 이용하는 사람들에게 경사로가 없다면 단 몇 개의 계단은 길이 아닌 벽이 된다. 계단 옆에 경사로를 따로 만들기 위해서는 비용과 공간이 필요하다. 우리 도시는 불과 20여 년 전만 해도 이 비용을 제대로 지불하지 않았다. 그 비용이 아까워서이기도 했고, 아예 경사로의 필요성을 느끼지 못해서이기도 했다. 분명 그때도 휠체어를 타는 사람, 유아차를 미는 부모가 존재했지만, 휠체어는 아예 집 밖으로 잘 나오지 않았고, 유아차는 불편을 묵묵히 감수했다.

우리 아이 자전거 난코스 1, 2, 3단계. 10센티미터의 보도턱은 누군가에게는 장벽이다.

시간이 흘러 우리 도시는 그들을 배려하는 방식으로 진화했다. 시간이 좀 더 흐르자 경사로는 배려가 아닌, 길을 다니는 사람들이 누려야 하는 당연한 권리로 여겨졌다. 나와 내 아이가 살고 있는 아파트가 만들어진 2007년 정도가 되면 계단 옆에 경사로를 만드는 것은 상식이 됐다. 새롭게 만들어진 '법'은 계단을 만들 때 휠체어가 갈 수 있는 길을 따로 만들게 했다. 비용과 공간을 기꺼이 지불했다. 그 결과 2단계 경사로가 만들어졌다. 그 '법'은 횡단보도에도 휠체어가 지나갈 수 있도록 보도턱을 낮추게 했다. 그렇게 아이의 자전거가 지나가야 할 '턱' 3개 중 2곳에 경사가 생겼다.

하지만 법의 적용을 받지 않은 한 곳의 턱은 수많은 사람들이 일상적으로 이용하는 곳이지만 여전히 턱으로 남았다. 몇 년 동안 불편을 겪던 주민들이 콘크리트를 부어 보도턱의 위아래를 연결하는 경사로를 만들었다. 덕분에 우리 아이의 자전거는 경사로를 타고 앞으로 갈 수 있었지만, 난 경사로가 만들어지기 전까지 1년 동안 유아차를 들었다 놓아야 했다.

법과 인식의 변화는 횡단보도의 보도턱을 낮추었다. 덕분에 휠체어도, 자전거도, 유아차도, 퀵보드도 지나갈 수 있다. 요즘 시대를 살고 있는 사람들은 횡단보도의 보도턱은 당연히 낮아져 있는 것으로 여긴다. 하지만 처음부터 그랬던 것은 아니다. 1984년 9월 19일, 휠체어를 이용하는 지체장애인 김순석 씨는 "도로의 턱을 없애 달라"라는 유서를 남기고 목숨을 끊었다.

2

자신이 바퀴를 이용하는 상황에 처하지 않으면 사람들은 '턱'의 문제를 잘 인식하지 못한다. 하지만 자전거를 타면, 유아차를 밀면, 손수레를 끌면, 휠체어에 앉으면, 걸어 다닐 때는 느끼지 못했던 무수히 많은 '턱'이 우리 도시에 존재함을 깨닫게 된다. 보통 사람들에게는 별문제가 안 되는 10센티미터의 보도턱은 누군가에게는 목숨을 끊을 정도로 높은 장벽으로 여겨졌다. 우리 도시가 법적으로 횡단보도의 보도턱을 없애기로 명시한 것은 김순석 씨가 목숨을 끊고도 13년이 지나서였다.[1]

당연한 듯 보이는 '걸을 수 있는 권리', '이동할 수 있는 권리'를 얻기 위한 장애인들의 노력은 눈물겨웠다. 1988년 서울장애인올림픽을 계기로 장애인의 이동권에 대한 사회적 관심이 높아졌다. 횡단보도에 음향 신호기가 설치되고 점자블록, 경사로 등의 장애인 편의시설이 확대됐다.[2] 하지만 일부에 지나지 않았고, 설치된 시설들도 요식행위에 그치는 경우가 많아 실제 장애인이 이동하는 데 큰 도움이 되지 않았다.

1996년 12월, 이런 현실을 바꾸기 위해 '장애인 편의시설 설치를 촉구하는 시민의 모임'이 결성됐다. 이로써 우리 사회도 장애인의 이동권을 전문으로 다루는 시민단체를 갖게 됐다. 이들은 '장애인 편의시설'이라는 말조차 생소했던 시절, 장애인의 이동권과 접근권을 이야기하며, 장애인 편의시설의 설치는 우리 사회의 의무임을 알려나갔다(이후 이 단체는 2009년 '장애물없는생활환경시민연대'로 이름을 바꾸고 무장애 운동을 벌인다. 장애인에게 불편한 환경을 만들고, 그 위에 편의시설을 만드는 것이 아니라, 편의시설 없이도 모두가 자유롭고 동등하게 생활할 수 있는 환경을 만들기 위함이다).

때는 이미 녹색교통운동, 걷고싶은도시만들기시민연대(당시 시민교통환경연구소) 등의 활동으로 '걸을 수 있는 권리', 즉 '보행권'에 대한 논의가 활발해지는 시기였다. 보행권 확보 운동과 장애인 이동권 확보 운동이 만나, 1997년 '장애인, 노인, 임산부 등의 편의 증진 보장에 관한 법률'을 만들어내는 데 기여했다. 이 법률에 따라 교통약자의 이동권을 위한 시설을 설치하게 됐으나 아직 미비한 점이 많이 있었다. 그러던 중에 불행한 사고가 연달아 터졌다.

1999년 6월 28일, 혜화역 휠체어 리프트를 이용하던 장애인이 추락했다. 같은 해 10월 4일, 천호역 휠체어 리프트 레일의 용접 부분이 끊어져 리프트를 타고 있던 장애인이 추락 직전까지 가는 사고가 났다. 이 두 사고를 당한 장애인들은 노들야학의 학생들이었다. 노들야학은 사고를 당한 장애인들의 피해 보상과 사고가 난 역사 시설의 개선을 위해 발 벗고 나서 혜화역에 휠체어 리프트가 철거되고 엘리베이터가 설치되는 등의 변화를 만들어냈다. 하지만 사고는 그치지 않았다.

2001년 1월 22일, 오이도역 휠체어 리프트가 추락해 한 명이 죽고 한 명이 크게 다쳤다. 장애인들은 반복되는 문제를 해당 '역'을 개선하는 것으로 해결하는 데 한계가 있음을 느꼈다. 장애인 이동권을 사회적인 문제로 제기하기 시작했다. 오이도역 휠체어 리프트 추락 사건은 이동권 확보를 위해 장애인들이 거리로 나오는 시발점이 됐다.

장애인들은 서울역의 선로를 점거하고, 버스에 자신의 몸을 쇠사슬로 묶는 등의 극단적인 방법으로 장애인 이동권 확보의 절실함을 사회에 호소했다. 또한 극단적인 방법과는 정반대로, 이 도시를 살아가는 사람이라면 누구나 일상적으로 하는, 투쟁이라고 볼 수도 없는 활동으로 우리 도시에서 장애인의 이동권이 얼마나 무시되고 있는지를 증명해 보였다.

휠체어 장애인들의 '지하철 타기' 행사가 시작됐다. 그들의 '지하철 타기'는 열차를 지연시켰다. 그들이 한 것은 그저 '지하철을 탄 것'뿐이었지만, 장애인의 이동권은 안중에 없던 우리의 도시는 장애인이 지하철을 '탄 것'만으로 제 기능을 하지 못했다. 곧이어 '장애인도 버스를 탑시다!'라는, 버스를 '타는' 행사를 했다. 장애인이 버스를 '타려' 하자 버스는 출발하지 못했다. 100만인 서명운동과 서울시청 앞과 서울역 앞에서 한 달간 천막농성이 이어졌다. 국가인권위원회 점거, 시청역 선로 점거, 중증 장애인의 단식 농성이 이어졌다. 서울시는 2004년까지 모든 지하철 역사에 엘리베이터를 설치하겠다고 약속했다. 노인들도, 지친 직장인들도 이용하는 지하철역의 엘리베이터 설치는 이렇게 시작됐다. 저상버스 도입 추진을 위한 협의회 구성, 중증 장애인의 이동 지원을 위한 리프트 장착 콜택시 100대 도입도 약속했다. 단식 농성은 39일 만에 끝이 났다.

장애인단체, 그들과 뜻을 함께하는 시민사회단체는 지자체 차원의 정책을 넘는, 이동권 확보를 위한 법률의 필요성을 느끼고 법률 제정 운동에 들어갔다. 또다시 천막 농성, 단식 농성, 당사 점거, 마포대교와 영등포로터리 점거 등이 이어졌다. 2005년 1월, '교통약자

이동편의증진법'이 국회를 통과했다.[3, 4] 이 길고도 과격할 수밖에 없었던 외침으로 장애인들이 전했던 메시지는 단지 '나도 이 도시를 걷고 싶다'였다.

　교통약자의 이동편의 증진법 국회를 통과하기 9년 전인 1995년 12월, 걷고싶은도시만들기시민연대(당시 시민교통환경센터)는 서울시의회 교통위 소속 시의원들을 초청해 간담회를 열었다. 이날의 간담회는 서울시민들의 보행권 확보를 위한 방안을 논의하는 자리였는데, 참석자들은 보행 환경 개선 활동의 근거가 되는 법 제정의 필요성에 공감하고 '서울시 보행환경조례'를 제정하기로 합의한다. 이듬해 1월에 서울연구원(당시 서울시정개발연구원) 소속 전문가들이 합세하고, 같은 해 5월에는 참여연대, 환경운동연합, 서울YMCA, 한국여성단체연합, 생활협동조합중앙회, 한국도시연구소, 한국교통봉사단체연합이, 6월에는 (사)한살림, 대한주부클럽연합회가 합류했다.

　서울시 보행조례 제정운동 시민단체와 시의회, 도시·교통 전문가가 힘을 모으면서 더욱 탄력을 받는다. 수차례의 논의와 수정, 시민의견 수렴 과정 등을 거치면서 세계에서도 유래를 찾기 힘든, 보행권을 명시한 '서울특별시 보행권 확보와 보행 환경 개선에 관한 기본조례'가 1997년 1월에 만들어진다.[5] 이 조례 제정을 촉매로 서울은 자동차의 소통만을 중시하던 도시에서 보행자를 존중하는 도시로의 첫발을 내딛는다. 서울시는 보행조례에 따라 5년마다 '보행환경기본계획'을 수립하고, 그 계획에 따라 보행 환경을 개선하는 활동을 하고 있다. 서울시 보행조례 제정은 중앙정부와 다른 지자체에도 큰 영향을 미쳤다. 2005년 1월 '교통약자의 이동편의 증진법', 2012년 2월 '보행안전 및 편의증진에 관한 법률' 등 보행 법령 제정의 기초가 되었다.[6] 2020년 3월 현재, 전국 110개 지자체에 보행조례가 제정됐다. 법률에 따라 횡단보도 보도턱은 낮아졌다. 그렇게 낮아진 보도턱을 우리 아이의 자전거가 지나갔다.

3

횡단보도 보도턱을 낮추는 것이 문제가 아니라 아예 횡단보도가 없는 곳도 많았다. 우리 도시에서 길의 주인은 자동차였다. 어떻게 하면 자동차가 빨리 갈 것인가가 지상과제였다. 길을 만들어야 할 때는 우선 자동차가 지나갈 길을 만들고, 공간이 남으면 인도를 만들었다. 그러니 인도가 매우 좁아 두 사람이 지나가기 힘든 길도 있고, 도로의 한쪽 측면에만 인도가 있는 길도 있고, 아예 인도가 없는 길도 있다. 길의 주인이 자동차이다 보니 길을 건너는 데도 자동차의 눈치를 보고 허락을 받아야 했다. 가능한 곳에는 육교와 지하보도를 만들었다. 자동차는 막힘없이 길을 지나가고, 사람들은 위로, 아래로, 계단을 오르내렸다. 계단을 오르내릴 수 없는 사람들은 길을 건너지 못했다. 도로교통법은 육교, 지하보도, 횡단보도 등의 횡단시설이 있는 곳 인근 200미터 이내에 다른 횡단시설을 만들 수 없게 규정해놓았다. 지하보도가 생길 때마다 법에 따라 횡단보도는 없어졌다. 5호선부터 8호선까지 서울 2기 지하철이 만들어지던 시절, 지하철 개통과 함께 수십 개의 횡단보도가 사라졌다. 지하철 5호선이 개통한 1997년에만 22개 역 주변 35개 횡단보도가 지워졌다.

차도와 차도가 만나는 교차로의 네 방향 찻길에는 당연히 횡단보도가 있어야 했지만 자동차가 느려질 것을 염려한 우리 도시는 횡단보도를 때로는 두 곳에만, 때로는 세 곳에만 만들었다. 길 하나를 건너기 위해 횡단보도 세 개를 건너는 일이 다반사였다. 계단을 오르내리지 못하는 사람들, 횡단보도 세 개를 건널 여유가 없는 사람들은 무단횡단을 했다. 범칙금을 물어야했고, 사고를 유발했다.

이런 상황을 바꿔놓은 것 역시 시민들이었다. 1998년 9월, 녹색교통운동은 광화문과 신촌로터리 등 시내의 주요 지점 10곳에 횡단보도를 설치해달라는 서명운동을 벌였다. 바로 앞 10미터의 길을 건너기 위해 수백 미터를 돌아가야 했던 시민들의 반응은 뜨거웠다. 단 몇 시간 만에 수천 명의 시민이 서명을 했다. 서명운동이 시작되고 3개월 후, 서울시는 시민들이 요구한 10개 지점 중 여섯 곳에 횡단보도를 설치하겠다고 밝혔다. 그중에는 광화문 네거리가 있었다. 그동안 서울 시내의 주요 도로는 자동차의 것이었다. 서울의 가장 중심이라 할 수 있는 광화문 네거리에 횡단보도가 생긴 것은 길의 주인이 자동차가 아닌 '사람'임을 천명한 '사건'이었다. (이때 광화문 네거리에 생긴 횡단보도는 남북 방향 두 개였다. 동서방향 두 개의 횡단보도가 만들어져 횡단보도가 완성된 때는 2005년이다.) 녹색교통운동이라는 시민단체의 활동가들, 그 시민단체의 활동을 후원하는 수백명의 시민들, 서명에 참여한 수많은 시민들이 만들어낸 결과였다. 1999년 4월 15일 녹색교통운동은 "시민의 힘으로 만든 횡단보도입니다"라는 글귀가 담긴 자축의 현수막을 걸었다.

2005년 4월 20일, 광화문네거리에 네 개의 횡단보도가 설치된 것을 기념하는 퍼레이드가 서울시장이 참석한 가운데 열렸다. 그리고 시내에는 횡단보도 설치를 알리는 대형 현수막이 걸렸다. 이는 횡단보도 설치가 당연한 일이 아니었음을 보여준다.

걷고싶은도시만들기시민연대는 1997년 7월 한 달 동안 지하철 5호선 49개 역사를 전수 조사하여 횡단보도가 사라진 지점에 횡단보도 복원운동을 펼쳤으며, 이는 향후 순차적으로 사라졌던 횡단보도가 복원되는 결과로 이어졌다.[7] 걷고싶은도시만들기시민연대는 이후 학생, 학부모 등과 함께 학교 앞 보행 환경을 개선하는 주민참여운동을 벌인다. 보행 환경을 개선하기 위해서는 그 환경 속에서 살아가는 시민들이 함께하지 않으면 어렵다고 생각했기 때문이었다.

4

우리는 오랫동안 자동차 중심의 도시에서 살았다. 사람들이 편안하고 안전하게 걷는 것보다는 자동차가 빨리 가는 것이 중요했다. 자동차가 급격히 늘어나면서 우리 도시에서 자동차에게 할당되는 공간 역시 급격히 늘어났다. 서울의 자동차 등록대수는 1961년 7,818대에서 1981년 22만 1,644대로, 2001년 255만 4,441대로 급증했다. 2020년 1월 기준 서울의 자동차 등록대수는 312만 7,566대다.[8] 도로가 넓어지고, 주차장이 곳곳에 생겼다. 인도에 한쪽 바퀴를 올리고 선 차들이 있고, 골목길은 자동차 한 대가 지나갈 정도의 공간(사람이 지나갈 공간이 아니다)만 남겨두고 주차된 차로 가득했다. 우리가 그동안 도시를 아낌없이 자동차에게 내어준 이유는 간단하다. 그편이 사는 데 더 편했기 때문이다. 하지만 길을 이렇게 계속 자동차에게 내어주는 것이 우리 삶에 더 좋은 일인지 의심하는 시민들이 생겼다.

1993년 6월, 녹색교통운동은 '보행권 신장을 위한 도심지 시민 걷기대회'를 개최하면서 우리 사회에 '보행권', 즉 걸을 수 있는 권리라는 말을 사회화했다. 당시만 해도 광화문에서 서울시청, 남대문, 서울역까지 2킬로미터가 넘는, 대한민국을 대표하는 상징적 거리인 세종대로에는 횡단보도가 하나도 없

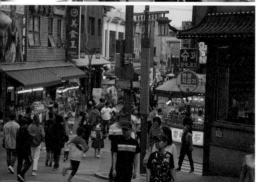

인천 차이나타운. 차 있는 날(위)과 차 없는 날(아래). 자동차 한 대에 얼마나 많은 사람의 공간을 내주고 있는가.

었다. 우리는 그런 시절을 보냈다. 세종대로에 첫 횡단보도가 생긴 것은 보행권 확보 운동이 시작되고도 11년이 지나서였다. 2004년, 서울광장이 조성되면서 서울광장과 덕수궁을 연결하는 횡단보도가 처음으로 생겼고, 지금은 13개의 횡단보도가 그어졌다.

서울에서 시작된 보행권 확보 운동은 전국으로 퍼져나갔다. 도시의 중심거리에 횡단보도가 없는 것은 서울만의 일이 아니었다. 전국의 거의 모든 도시가 그랬다. 인천의 주요 도심이라 할 수 있는 동인천역, 부평역, 옛 시민회관 앞도 서울의 세종대로처럼 수 킬로미터에 걸쳐 횡단보도가 하나도 없었다.

2004년 부평평화복지연대와 장애인자립생활지원센터, 부평동아 아파트입주자대표회의, 민주노동당 등은 인천 부평역 일대에 횡단보도를 설치할 것을 요구했다.[9] 예전 서울의 광화문에서 서울역까지 횡단보도가 하나도 없었던 것처럼, 부평역에서 부평구청 앞 사거리까지, 1.8킬로미터, 도보 30분 거리에 횡단보도가 하나도 없었다. 시민들은 횡단보도 설치를 위한 서명운동을 했고, 직접 보행 환경을 조사하기도 했다. 지하상가 상인들은 매출 감소를 이유로 횡단보도 설치에 반대했고, 이견을 좁히기 위한 간담회가 수차례 열렸다. 인천자전거도시만들기운동본부는 '차보다 사람이 먼저'라는 기치 아래 자동차 중심의 도시를 사람 중심의 도시로 재편하자는 운동을 10년째 해오고 있다. 역시 10년째, 매월 셋째 주 토요일이면 부평대로의 한쪽 차선은 자전거로 채워진다. 이 자전거 행진을 통해 자동차보다 사람이 더 중요함을 알리고, 횡단보도를 설치하자는 주장을 꾸준히 해오고 있다.

인천누리장애인자립생활센터는 2013년 2월, 석바위사거리에 횡단보도가 없는 것이 장애인들의 이동권을 침해한다며 국가인권위원회에 진정을 제기했다. 이에 2013년 12월 국가인권위원회는 장애인 등 교통약자의 권리 침해를 인정하고 동인천역 앞과 석바위 지하상가 위 사거리에 횡단보도 설치를 권고했다. 인천시가 인권위 권고를 이행하는 데 소극적이자 인천누리장애인자립생활센터, 인천장애인차별철폐연대 등은 인권위 권고 이행을 촉구하는 기자회견과 항의 시위 등을 이어갔다.[10]

인천도시공공성네트워크는 2016년 6월~9월까지 인천의 주요 지점의 보행 환경을 모니터링하여 그 결과를 주 2~3회 발표하고, 보행권에 대한 시민사회의 관심을 환기시켰다.

부평, 석바위, 주안, 제물포, 동인천 등은 인천에서도 보행량이 많은 곳이지만 모두 지하상가가 있어 '육교나 횡단보도가 있는 곳 인

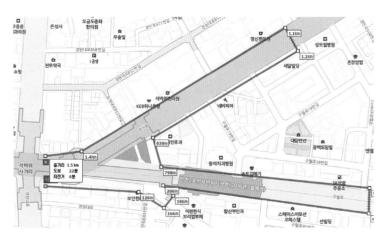

인천 석바위 사거리. 계단을 오르내릴 수 없는 사람들은 길 하나 건너기 위해서 1.5킬로미터, 22분을 돌아가야 했다.

근 200미터 이내에는 다른 횡단시설을 만들 수 없는' 도로교통법에 의거해, 합법적으로 횡단보도가 없던 곳이다. 하지만 이 법의 불합리하고 폭력적인 면에 반기를 들고 시민들이 움직였다. 시민들의 움직임은 결국 행정을 움직였다. 2017년 11월 23일, 인천지방경찰청은 지하상가 위에 횡단보도 38개를 설치했다고 발표했다.

2005년 대구지하철 2호선이 개통되면서 대구시 내 60여 개의 횡단보도가 폐쇄됐다. 이에 횡단보도 복원을 요구하며 대구 지역 장애인단체, 보행단체, 환경단체가 연합해 대구보행권시민연대를 만들었다. 이들은 횡단보도 설치를 위한 서명운동, 횡단보도 설치 퍼포먼스, 가두행진, 대구 시내 주요 지점의 횡단보도 실태조사 등의 활동을 꾸준히 이어갔다. 2009년 중앙네거리, 2012년 대구역 네거리, 2013년 옛 한일극장 앞 등 보행량이 많으나 횡단보도가 없었던 지점에 횡단보도가 설치됐다. 2017년에는 서문시장에 지하상가가 생긴 후 사라졌던 횡단보도가 32년 만에 다시 설치됐다.[11]

아직 부족한 것이 많지만, 굳건할 것만 같던 자동차 중심의 도시는 허물어져가고 있다. 많은 지자체장이 '사람 중심의 보행도시'를 표방하고 있다. 행정의 변화가 일어나기까지 많은 시민의 노력이 있었다. 그렇게 조금씩, 시민의 행동을 양분으로 '걸을 수 있는' 도시가 되어갔다.

2016년 여름, 나는 횡단보도가 설치되어 있지 않은 부평시장 로러리의 한 차도 앞에서 딱 10분 간 무단횡단하는 사람의 수를 세어본 적이 있다. 모두 49명이었다. 이는 시민의식의 부재 탓이 아니라, 무단횡단을 유발하는, 보행자에 폭력적인 도로 구조 때문에 일어나는 일이다. 2017년 에 횡단보도가 생겼고, 무단횡단은 사라졌다.

44 우리가 도시를 바꿀 수 있을까?

03

그들은 왜 자동차로부터
마을을 지켜내려 했을까?

1

아이가 걸음마를 떼고 뒤뚱뒤뚱 갈팡질팡 뛰어다니던 시절, 우리 아파트 지하주차장에서 도색공사를 했다. 공사는 지하주차장을 세 부분으로 나눠 진행됐다. 지하에 있던 350여 대의 자동차 중 3분의 1이 아파트 지상으로 올라왔다. 평소 사람들이 다니던 길에 자동차가 세워졌고, 아파트 안에 자리를 잡지 못한 차들은 단지 밖 길까지 점령했다. 지하에 있던 자동차의 일부만이 지상으로 올라왔을 뿐인데, 아파트 단지는 자동차로 꽉 찼다. 세워진 자동차는 사람들의 시야를 가렸다. 길을 안전하게 걸으려면 고개를 쭉 빼고 자동차의 통행 여부를 확인해야 했다. 제멋대로 뛰어다니던 아이는 공사 기간 일주일 동안 종종 뛰지 말고 멈추라는 잔소리를 듣고 뒷덜미를 잡혔는데, 표정을 보니 억울해 보였다. 그즈음 우리 아파트에서는 남자아이 너댓과 여자아이 둘이 매일 축구를 했는데, 자동차 틈바구니에서 몇 번 공을 차고, 차 밑으로 공이 들어가고, 기어들어 가 꺼내고를 몇 번 반복하더니 공을 들고 아파트 단지 밖으로 밖으로 나가버렸다. 하지만 단지 밖이라고 별수 없을 것이다. 우리 가족은 종종 아파트 단지를 산책 삼아 한 바퀴씩 돌곤 했는데, 자동차가 지상으로 올라온 일주일 동안은 그럴 마음이 싹 사라졌다. 그냥 집 안에 있었다. 늘어난 자동차가 생활을 바꾸었다.

　생각해보니 결혼 후 10년 동안 살았던 세 개의 마을에서 모두 자동차의 수가 달랐다. 자동차의 수는 그 마을에서의 삶의 모습에 많은 영향을 주었다.

　처음 결혼하고 살았던 마을에는 길에 자동차가 많았다. 그 마을에는 다닥다닥 붙은 빌라가 많았는데, 내가 살던 집도 4층짜리 빌라였다. 우리 빌라 주차장은 늘 부족했다. 집에 늦게 오는 날이면 주차할 곳을 찾아 동네를 몇 바퀴나 돌아야 했다. 나만 그런 게 아니라 온 동네 자동차들이 그러하니 동네의 좁은 길은 늘 사람과 자동차가 뒤섞였다. 걷다, 뒤돌아보다, 멈췄다, 길옆으로 비켜 섰다를 반복했다. 그렇게 계속 자동차에게 길을 내어주어야 했다. 집 밖으로 나가는 것 자체가 불편하고 불쾌했다. 상대적으로 집 안이 편안하다 보

자동차로 가득한 일반 주거지(왼쪽)와 차 없는 아파트(오른쪽).

니 그 동네에 살 때는 거의 동네를 돌아다니지 않았다. 그 마을, 마을길에 대한 추억은 자동차가 어디서 올지 신경을 곤두세우고 다니다가 차가 오면 비켜줬던 것, 그것이 거의 전부다. 그 '마을'에서의 추억은 없다.

두 번째 살았던 곳은 차 없는 아파트였다. 이곳에서 우리 가족의 삶은 많이 바뀌었다. 마을길에는 산책하는 사람, 운동하는 사람, 수다 떠는 사람이 많았다. 저녁에는 활기가 넘쳤고, 낮에는 아늑했다. 집에 있다가 좀 답답하면 '동네 산책이나 할까?'라는 말이 저절로 나왔다. 자동차가 많던 마을에서 살 때는 생각도 못 했던 일이다. 아, 그 전 마을에서도 산책을 하긴 했다. 걸어서 10분 정도 가면 좋은 공원이 있었다. 하지만 공원까지 가는 길은 쾌적한 공원과는 전혀 다른 모습이었다. 지저분하고 위험했다. 공원에는 한 달에 한 번도 가지 않았다. 하지만 차 없는 아파트로 이사 온 후에는 달라졌다. 아파트 단지 자체가 공원이니 달리 공원까지 갈 이유도 없었다. 집 밖에만 나와도 기분이 좋아졌다. 자연스럽게 집 밖에서 보내는 시간이 많아졌다.

그 동네에는 내가 '사색의 길'이라고 부르는 길이 있었다. '철학자의 길'이나 '철학의 길'이 하이델베르크나 교토에만 있으라는 법이 있나? 난 원고를 쓸 때면 그 길을 몇 바퀴씩 걸으며 생각에 잠기곤 했다. 그리고 좋은 생각이 떠오르면 집으로 얼른 들어와서 노트북을 켰다. 지금 이 글이 형편없는 이유는, 내가 사는 동네에 사색의 길이 없어졌기 때문이지 내 잘못이 아니다.

지금 살고 있는 동네는, 굳이 표현하자면 차가 조금 있는 동네다.

아파트 단지에는 차량의 출입이 허가된 공간과 금지된 공간이 모두 있다. 단지 밖 도로는 폭이 좁고, 통행량이 적으며, 속도가 느리다. 이런 조건은 아파트 단지에 사는 사람들도 단지 밖을 자신의 동네로 여기게 했다. 앞서 '차가 없는 동네'라고 표현했을 때의 '동네'는 아파트 단지였다.

인천 외곽에 위치한 우리 동네는 논밭과 간선도로로 다른 시가지와 분리되어 있어 마을의 경계가 명확한 작은 마을이다. 2,300세대가 옹기종기 모여 사는, 자동차가 조금 다니는 우리 동네 사람들은 걸어서 생활을 많이 한다. 동네에 있는 슈퍼, 병원, 빵집 등을 많이 이용하고, 동네에 있는 어린이집과 초등학교에 아이들을 보낸다. 그리고 동네 밖으로 나갈 때에는 동네 한복판에 있는 버스정류장까지 걸어간다. 그렇게 동네에서 보행할 일이 많다 보니, 길을 걷다 보면 아는 사람을 꼭 만난다. 길에서의 잦은 우연한 대면은 이웃과의 관계를 만들었다. 열 살이 된 내 아이는 9년 동안 이 동네에서 살았다. 아이의 커가는 모습을 지켜본 동네 사람들이 많다. 동네에 내 아이를 아는 사람이 많다는 것은 굉장히 안심이 되는 일이다. 이웃들이 아이의 커가는 모습을 본 것도 길에서의 우연한 만남을 통해서다. 그 만남은 동네에서 걸어 다니며 생활했기에 가능했다. 만약 내가 자동차를 타고 출퇴근을 하고, 자동차를 타고 아이를 어린이집에 데려다주고, 나의 동선이 지하주차장에서 시작해서 지하주차장에서 끝났다면 일어날 수 없는 일이다. 보행 환경이 좋아지고, 걷고 싶은 길이 늘어나고, 걷는 것이 일상이 되면 삶이 바뀌기도 한다.

그러니 어떤 시민들은 자신의 동네가 자동차보다는 사람 중심의

Believe in the Lord Jesus, and you will be saved you and your hou
Repent! for the kingdom of Heaven is near!" [Matt 4:17]

예수님만이 구원자이십니다! 예수믿고 구원

イェス てんごく・ふしん じごく　　耶穌天國・不信地獄

길에서는 다양한 일들이 일어난다. 길은 단순한 통행로가 아니다.

공간이 되기를 바랐고, 이를 위해 행동했다. 인천의 배다리마을에 사는 사람들은 자신의 마을을 두 동강 내는, 마을을 가로지르는 도로를 받아들일 수 없었다. 큰 도로가 마을 한복판을 지날 때, 그 안에서 살아가는 사람들의 삶도, 이웃과의 관계도, 마을의 역사도 훼손될 것이라 생각했기 때문이다. 그들은 자동차로부터 마을을 지켜내기 위해 10년이 넘는 세월을 보내고 있다.

2

배다리마을은 근대 도시 인천의 탄생을 함께한, 오랜 역사를 가진 마을이다. 인천 역사의 시작을 혹자는 비류백제시대나 고려시대로 이야기하지만, 지금 우리가 생각하는 항구'도시'로서의 인천은 1883년 개항하면서 시작됐다. 항구 주변에 일본지계, 청국지계, 각국지계가 생기면서 외국인들이 몰려 살았다. 개항과 동시에 많은 일자리가 생기자 전국에서 조선 사람들도 인천으로 모여들었다. 조선 사람들은 외국인이 사는 조계지와 조금 떨어진 곳에 모여 살면서 마을을 이루었는데, 배다리마을도 그때 만들어졌다.

배다리마을은 인천에 모여 살던 조선 사람들의 중심지 역할을 했다. 마을 앞에는 당시 인천에서 가장 큰 시장이 열렸다. 1892년 인천영화여학교와 1907년 인천공립보통학교(현 인천창영초등학교)가 배다리에 자리를 잡아 배다리는 인천 신식교육의 발상지가 되었다. 노동자의 도시 인천에서 처음으로 노동운동이 시작된 곳도 배다리였다. 당시 조선인 노동자들은 저임금 장시간 노동으로 노동자를 착취

하던 일본인 사장에 맞섰다. 1900년 한국 최초의 신학 월간지《신학
월보》가 배다리에 있던 에즈베리 선교기지에서 만들어졌다. 인천의
3·1운동은 배다리에서 시작되었고, 당시 학생들과 일반 시민들
이 함께했던 동맹휴교와 상가철시 등도 배다리를 중심으로 이루
어졌다.

배다리는 역사적으로 중요한 공간인 동시에 인천 시민이 공동의
기억을 갖고 있는 공간이기도 하다. 한때 배다리에는 수십 개의 헌
책방이 있었다. 배다리 헌책방 골목이 쇠퇴하기 시작한 2000년대
이전에 인천에서 학교를 다닌 사람이라면 거의 대부분이 학기가 바
뀔 때마다 헌책을 싸 들고 배다리로 가서 용돈을 마련했던 기억, 모
자란 돈을 들고 헌 참고서의 가격을 흥정하던 기억이 있을 것이다.
고서적, 옛날 자료에 목말랐던 호기심 많은 학생이나 연구자들에게
도 배다리는 매우 소중한 곳이었다. 배다리는 인천 시민이 학창 시
절을 공유한 공간이다.

2006년, 인천시는 송도신도시와 청라신도시를 연결하는 왕복 8
차선 도로를 만들려고 했다. 지도를 펼쳐놓고 보면 배다리마을 한복
판을 가로지르는 것이 조금이라도 더 빠르게 갈 수 있는 길이었다.
빠르게 가기 위한, 도로를 위한 땅 위에 배다리마을이 있었고, 사람
들이 살고 있었을 뿐이었다. 도로공사가 시작됐다.

배다리마을 주민들은 마을 한가운데를 지나며 마을을 두 동강 내
는 커다란 도로 건설에 반대했지만 소용이 없었다. 도로가 예정된
구간의 집이 철거되고 커다란 공터가 만들어졌을 때, 그제야 배다
리마을을 관통하는 도로는 시민사회에 알려졌다. 인천시민들은 주

민들과 함께 배다리 관통도로를 막기 위한 행동에 들어갔다. 시민들은, 배다리의 역사성, 시민 공동의 기억, 시민들의 삶 정도는 깡그리 무시하고, 새로 생긴 두 신도시를 좀 더 빨리 갈 수 있는 산업도로를 만들기 위해 배다리마을을 둘로 나눌 수 있다는 인천시의 무심함과 무자비함에 반기를 들었다. 이는 단순히 도로 하나를 놓고 말고의 문제가 아니었다.

주민 3,000여 명은 배다리 관통도로를 반대하는 청원서를 냈다. '중동구 관통 산업도로 무효화를 위한 주민대책위원회', '배다리를 지키는 인천시민모임'이 연이어 발족했다. 신문 기고, 성명서 발표, 포럼, 토론회, 시가행진, 문화행사가 이어졌다. 시민들의 움직임에 지역 언론은 배다리를 관통하는 산업도로의 문제를 지적하는 기사를 썼다.

그로부터 약 5년간 인천시가 공사를 재개하면 시민들이 몸으로 막아서는 일이 수차례 반복됐다. 인천시의 입장도 도로 건설과 건설 중단 사이를 오락가락했다. 당시 상황은 다음과 같다.

2006년 8월. 금창동 주민 594명의 배다리마을 구간 지하화 요구. 인천시는 불가함을 통보.
2006년 12월. 정대휴 인천시 도시균형건설국장. 배다리 구간 지하화 약속.
2007년 2월. 인천시. 주민설명회에서 지하차도 불가능 입장 재천명.
2007년 6월. 안상수 인천시장 배다리 방문. "도로건설에 반대하는 주민들의 의견을 잘 반영해서 대안을 만들라" 지시.

2007년 7월. 인천시. 배다리 산업도로를 6차선으로 줄여 공사를 강행하겠다는 입장 표명.

2008년 3월. 인천시 종합건설본부, 공사 잠정 중단 약속.

2008년 3월. 잠정 중단되었던 산업도로 공사 재개.

2008년 4월. 인천시. 주민과의 간담회에서 도로 개설 타당성 자체에 대한 재검토와 배다리 일대 문화적인 부분에 대한 대안을 찾기 위한 노력 약속.

2008년 8월. 인천시와 주민대책위, 배다리 구간 공사 여부를 감사원 감사결과에 따라 결정하기로 합의.

2008년 9월. 공사 재개.

2008년 11월. 인천시. 감사원 감사결과에 문제점을 보완해 공사를 재개한다는 입장 표명.

2009년 7월. 인천시. 배다리 관통 산업도로 강행 입장 발표.

2009년 11월. 인천시. 배다리 구간 지하화 결정 발표.

2009년 12월. 안상수 시장 "배다리 산업도로 개설은 애초부터 잘못된 사업이었다", "도로를 지하에 놓고 대신 헌책방 주변을 포함해 새로운 사업을 추진하겠다" 발표.

2010년 3월. 안상수 시장 배다리 방문. 배다리 약 350미터 구간 지하화 약속.

2010년 8월. 지하화 구간 범위 축소.

2011년 6월. 배다리 관통도로 백지화 발표.

2011년 6월. 동구는 "백지화 결정", 시는 "정해진 것 없다" 혼선.[1]

이런 과정을 겪으면서 2008년을 마지막으로 공사는 중단됐다. 배다리에 도로를 놓으려는 인천시의 시도는 역설적이게도 시민들이 배다리의 소중함을 깨닫는 계기가 되었다. 근대도시 인천이 막 탄생하던 개항기, 전국에서 올라온 조선인 노동자들이 모여 마을을 형성한 역사성이 발굴·확산되었다. 당시 헌책방은 몇 개 남지 않은 상태에서 근근이 명맥만을 유지하고 있었지만, 그것이 인천이라는 도시에 함께 살아가는 사람들에게 소중한 문화적 자산임을 깨닫게 됐다. 배다리의 가치를 알아본 사람들이 하나둘씩 배다리에 자리를 잡았다. 퍼포먼스반지하, 인천작가회의, 스페이스빔 등의 단체가 산업도로 반대 활동 중에 배다리마을에 사무실을 열었다. 이후 나비날다, 마을사진관 다행, 한점갤러리, 사진공간 배다리, 생활사전시관, 요일가게 등이 배다리마을에 생겨났다. 이들은 10년 동안 또 다른 배다리마을의 이야기를 써냈다. 배다리마을에는 근대의 역사성, 헌책방의 추억에, 시민들이 마을을 지켜낸 경험, 그 후 새롭게 모인 사람들이 만들어낸 이야기가 더해졌다.

마을은 두 동강 나든 말든 도로를 만들겠다는 욕망은 역설적으로 도심 속 마을에서는 쉽게 볼 수 없는 넓은 공터를 만들었다. 도로를 만들겠다는 사람과 그것을 막겠다는 사람들의 틈바구니에서 집이 철거됐고, 그 상태로 공사가 중단된 채 넓은 도로 부지에 펜스가 둘러쳐졌다. 밖에서 안을 들여다볼 수도 없는 상황 속에서, 흙이 드러난 땅에 꽃씨가 날아들었다. 개망초, 냉이, 말냉이, 개불알풀, 꽃다지, 꽃마리, 봄맞이, 제비꽃 등 다양한 식물이 피어났다. 곤충이 찾아오고, 참새, 직박구리, 까치, 방울새가 날아들었다. 사람들의 손에 의해 멋지게 조경된 공원도 아니었고, 그렇다고 원시림처럼 정말 다양한 생명이 어우러진 생태계도 아니었지만, 그렇게 새롭게 생겨난 땅과 풀 사이에서 사람들은 다른 꿈을 꾸게 되었다.

배다리 사람들은 그 공간을 생명의 공간으로, 주민의 공간으로 만들려고 했다. 공터를 가로막았던 펜스가 걷히자 사람들이 그 공간을 드나들게 됐고, 풀 사이로 자연스럽게 오솔길이 만들어졌다. 주민들은 어디선가 나무를 구해 와 작은 원두막을 만들었다. 동네를 돌아다니는 길고양이를 위한 고양이집을 만들었다. 관할 구청인 동구청과 협의하여 공터 한쪽에는 작은 텃밭을 만들었다. 사람들은 그곳에서 작게 경작을 했고, 수확된 채소를 나누었다. 정월대보름이면 배다리 관통 산업도로의 최종 목적지인 송도신도시의 나대지에서 베어 온 갈대에 배다리 공터에서 자라던 풀을 더해 달집을 만들었다. 오두막 근처에서 음식을 나누었고, 달집은 하늘 높이 불탔다. 사람들은 소원을 빌었고, 아이들은 근처에 있는 마른 풀을 주워다 꺼져가는 달집의 불을 살려냈다. 어린 시절 깡통 좀 돌렸던 어른들이 쥐불놀이 시범을 보였고, 아이들은 어른을 따라 불씨가 담긴 깡통을 돌렸다. 배다리 아이들은 풀 모임, 꽃 모임을 만들어서 공터를 청소하고 꽃을 가꾸었다. 공터에 있는 큰 돌을 주워다가 공터 곳곳에 돌탑을 쌓았다. 아이들이 놀 수 있는 작은 놀이터도 만들었다.

배다리 사람들은 그곳을 배다리생태공원이라고 불렀다. 몇몇 사람은 연못 하나 없고, 관리조차 잘되지 않는 그곳이 무슨 생태공원이냐고 비아냥거렸다. 생태를 좀 안다 하는 사람들의 눈에도 그곳이 생태공원처럼 보이지 않았다. 하지만 배다리 주민들에게 중요한

개화기, 헌책방거리, 산업도로 반대운동, 배다리마을의 매력에 끌려 새
로 정착한 사람들까지. 세월의 층위를 드러내는 건물이 마을 곳곳에서
배다리마을의 역사와 현재를 증명하고 있다.

도로가 될 뻔한 배다리생태공원.

것은 그 공간이 타자화된 공간이 아닌, 주민들이 주체가 된 공간이라는 점이었다. 누군가 가꿔놓으면 구경하는 곳이 아니라, 주민들이 스스로 가꾸고 일상과 연결되는 공간이 되기를 원했다. 그렇게 도로가 만들어졌으면 마을과 사람을 둘로 나누었을 공간은, 사람들을 연결시켜주는 공간이 되었다. 이제 그렇게 되는 줄 알았다.

공사가 중단된 지 7년이 지난 2015년 11월, '숭인지하차도 기본 및 실시설계 주민설명회'가 110년 역사의 인천창영초등학교 지하 민방위 교육장에서 열렸다. 배다리관통도로는 취소된 것이 아니었다. 설명회가 끝나면 도로 공사가 시작될 것이다. 문제는 어떤 형태로 도로를 놓을 것이냐였다. 설명회 전까지 인천시의 입장은 배다리 구간 지하화를 통해 마을의 단절을 막겠다는 것이었지만, 이날 인천시가 들고 온 두 가지 계획안에는 도로가 지상으로 배다리마을을

농성천막이 세워진 지 200일 째 되던 날.

관통하는 내용이 포함되어 있었다. 인천시는 지상으로 통과하는 계획안으로 주민들을 유도했고, 주민들은 반발했다. 몇 차례 진통 끝에 주민들과 인천시는 도로를 지하로 놓는 안으로 합의했다. 하지만 그렇게 마을을 지킬 수 있을 것이라 생각했던 일은 또 어그러졌다. 지하차도는 지하차도대로 만들면서, 그 지상부 공간에 차량을 돌릴 수 있는 도로를 놓는 안으로 결정된 것이다. 도로에 대한 욕망은 끝을 몰랐다. 주민들은 분개했다. 더 이상 시와의 타협은 의미가 없다고 생각했다. 주민들은 이제 배다리관통도로 전면 취소를 요구했다. 2017년 10월 22일, 농성천막이 세워졌다. 유난히도 추웠던 그해 겨울, 배다리 주민들은 24시간 농성천막을 지켰다. 추운 날씨와 오랜 시간은 주민들을 지치게 했다. 시간이 지나면서 천막을 지키던 주민들의 숫자는 줄어들었다. 날씨가 따뜻해지면서 천막은 다시 활기를 찾는 듯 보였지만, 처음과 같지는 않았다. 난 그 천막을 보면서, 아마 누군가는 그들이 모두 지치기를 기다릴지도 모른다는 생각이 들었다.

주민이라고 모두가 배다리관통도로에 반대하는 것은 아니었다. 그것으로 이득을 보고자 한 사람들은 도로를 찬성했다. '이득'이라는 단어가 나쁘게 들리겠지만, 그 공간이 자동차의 공간이 아닌 사람의 공간이 되었으면 하는 사람들도 그렇게 함으로써 자신의 삶에서 '이득'을 보고자 한 것이다. 지금 배다리마을은 그 두 가지 가치, 무엇이 우리 삶에, 우리 도시에, 우리 마을에 중요한가를 둘러싼 가치 충돌의 현장이다. 너무도 안타까운 것은 그곳이 다른 곳도 아닌 배다리마을이라는 점이다. 앞에서 설명했듯이 배다리마을은 너무도 많은 이야기를 담고 있는 마을이다. 근대도시 인천의 모태 공간이고, 인천시민 공동의 기억이 모인 곳이다. 그 마을을 지키기 위한 주민과 시민의 노력이 쌓였고, 사람들은 그 마을을 좀 더 사람냄새나는 마을로 만들기 위해 10년 동안을 노력했고, 그렇게 생긴 공간을 주민의 공간으로 만들기 위해 힘썼다. 그리고 마을을 끔찍이 사랑하고 열심히 가꾸는 주민들이 존재한다. 그런 공간마저 자동차가 빨리 지나가야 한다는 가치에 밀린다면, 우리 도시는 어떤 도시가 될까?

배다리를 관통하는 도로의 '배다리구간' 공사가 멈춘 시기를 전후로 배다리구간을 제외한 나머지 도로가 만들어졌다. 시민들은 배다리를 관통하는 도로에 이의를 제기했지만, 인천시는 다른 구간의 공사를 강행했다. 그렇게 고가도로와 터널이 만들어졌다. 이미 많은 세금이 쓰였다는 사실은 도로를 만들어야 한다는 주장의 근거가 됐다. 사정을 잘 모르는 시민들은 고가도로까지 다 만들어놓았는데 도로 건설을 반대하는 배다리마을 사람들을 비난했다. 배다리마을을 지키려는 사람들의 어깨가 더 무거워졌다.

사유재산을 지키기 위한 투쟁은 어찌 보면 쉽다. 끝까지 싸워야

겠다는 마음을 먹게 한다. 하지만 마을에 도로 하나 놓지 말자는 의견을 관철시키기 위해, 그것도 자신의 재산과 관련이 있는 것이 아니라, 사람냄새 나는 마을에서 살고 싶다는 생각을 현실화시키기 위해 수백 일을 농성텐트에서 지낼 사람은 많지 않다. 이 정도 사안이 협의로 이루어지지 않고, 자신의 삶 일부를 크게 떼어내 길바닥에 내려놓아야 하는 현실이 슬프다. 하지만 많은 시민이 함께하고 있다. 시민들은 농성 현장을 찾아 지지를 표했고, 그들의 이야기를 알렸다.

2018년 10월, 지난 지방선거에서 새롭게 바뀐 시정부는 주민들과 함께 '중·동구 관통도로 문제 해결을 위한 민간협의회'를 구성했다. 도로 개설을 반대하는 주민대표와 도로 개설을 주장하는 시정부가 함께 논의하여 도로의 미래를 최종적으로 결정하기로 했다. 그 결론이 어떻게 날지는 모르겠다. 하지만 배다리마을의 주민들은 10년이 넘는 세월 동안 우리가 도시에서 지켜야 할 것이 무엇인지를 온몸으로 보여주었다. 그들의 활동은 언젠가는 우리 도시를 바꿔놓을 것이다.

3

2014년 2월 15일 아침, 한 무리의 사람들이 인사동의 화랑에 모였다. 그곳에서 '서울골목. 햇살은 가득하고'라는 제목의 전시가 열렸는데, 그 전시의 주인공은 오랫동안 골목과 집, 마을을 그려온 박춘매 화가였다. 화가와 함께 그림을 보고, 화가가 생각하는 골목에 대한 이야기를 들어보는 프로그램에 참가하기 위해 토요일 아침부터 화랑이 북적였던 것이다. 한참을 자신의 이야기를 하던 화가는 자리에 모인 사람들에게 화가다운 제안을 하나 했다.

"자, 이제 여러분이 생각하는, 그리고 싶은 골목을 그려보세요."

화가의 말에 사람들은 자신의 추억 속의 골목과 자신이 살고 싶은 골목을 그렸다. 사람들의 그림에는 '골목'이라는 좁은 길만이 아니라, 집과 사람, 그 배경이 되는 산, 마을이 등장했다. 참가자들은 한 명씩 자신의 그림을 들고 나와 자신의 삶 속의 골목에 대해 이야기를 했다. 어린 시절 골목에서 놀았던 일들이 많이 소환되었다. 평생을 아파트에서만 살았던 사람들은 '내 삶 속의 골목'을 그려보라는 제안에 난감해했다. 그들은 그들이 살고 싶은 마을을 그렸다. 골목에서의 삶을 보냈던 사람들도 앞으로 아이를 낳고 아이와 함께 살아갈 마을을 그렸다. 그런데 그 모든 그림에 하나의 공통점이 있었다. 자동차가 없었다. 모두 자동차 가득한 도시에 살고 있고, 자동차를 잘도 타고 다니고, 그로 인해 이득을 얻고 있으면서도 말이다.

자동차는 분명 우리 삶에 많은 이득을 가져다준다. 좀 더 빨리, 편안하게 이동하고 싶은 욕망과 그로 인한 이득은 교통수단을 발달시켰다. 교통수단의 변화는 도시구조에 영향을 주었다. 보행 중심의 도시는 자동차의 대중화와 함께 자동차 중심의 도시로 바뀌었다.

우리는 자동차나 기차 같은 이동수단을 이용하는 데 익숙한 나머지, '길'이라고 하면 이들이 다니는 길을 먼저 떠올리기도 한다. 하지만 사실, 굉장히 오래전부터 도시의 길은 걸어 다니는 곳이었다. 도시는 좁은 공간에 많은 사람이 모여 살면서 생기는 집적의 효과를 누린다. 그 효과를 누리려면 단순히 모여 있는 것을 넘어 서로 연결되고 만나야 한다. 길이 필요하고, 교통수단이 필요하다.

오랫동안 가장 중요한 교통수단은 '두 다리'였다. 그러니 걸어서 다니기에 적당한 거리 안에 사람들이 모여 살아야 했고, 걸어서 다니기 적당한 거리가 도시의 크기가 됐다. 지금도 로마나 피렌체 같은 유서 깊은 도시에 가 보면 관광객들이 주로 다니는 옛 도시 지역은 충분히 걸어서 도시 전체를 다닐 수 있다. 옛 서울도 그랬다. 옛 서울의 경계인 4대문 안은 마음만 먹으면 충분히 걸어 다니며 일을 볼 수 있는 크기였다. 우리나라는 온돌 바닥에 목조 건축이 주를 이뤄서 건물이 높아지진 않았지만, 석조 건물이 대부분인 유럽의 도시에서는 건물이 점점 높아졌다. 17세기 제네바와 파리의 공동주택은 5~6층 높이까지, 에든버러는 8~10층까지 지어졌다.[2] 걸어서 다녀야 하는 도시가 옆으로 확장하는 것은 한계가 있었다. 그 한계를 깬 것은 철도와 자동차의 등장이었다.

산업혁명 이후, 많은 사람이 도시로 모여들었다. 하지만 도시는 아직 그렇게 많은 사람을 받아들일 준비가 되어 있지 않았다. 길은 좁고, 집은 부족하고, 길에는 오물과 하수가 넘쳐났다. 주거의 질은 매우 열악했다. 사람들은 도시를 떠날 수만 있다면 그렇게 하고 싶었다. 하지만 도시에 살고 있는 사람들은 도시에서 일을 해야 했기 때문에 도시를 떠날 수 없었다. 철도가 없었으면 말이다.

19세기 증기기관이 발명된 이후 영국의 대도시에는 철도가 생겼고, 철도는 교외와 도심을 연결해주었다. 도시를 떠나 살 수 있는 길이 생겼다. 대도시 외곽에 생긴 기차역을 중심으로 작은 도시가 만들어졌다. 도시를 떠나 외곽으로 주거지를 옮긴 사람들도 도시를 완전히 떠난 것은 아니었다. 사람들은 도시 외곽에서 좀 더 깨끗한 환경을 누리며 모여 살았지만, 아침이면 기차역으로 가서 도시로 출근했다. 도시와 교외를 오갈 때는 기차를 이용했지만, 도시에 있을 때는, 그리고 교외에 있을 때는 걸어 다녔다. 교외에 생긴 작은 도시도 걸어서 다니는 데 적당한 크기를 넘지 않았다. 자동차가 대중화되기 전까지는 말이다.

20세기에 들어 미국 로스앤젤레스에 세계 최초의 자동차 도시가 만들어졌다. 1915년에 로스앤젤레스 시민 여덟 명 가운데 한 명이 자동차를 소유하고 있었다. 1930년이 되면 그 비율은 1.5명 가운데 한 대가 된다. 같은 시기 미국인들의 자동차 보유율도 5.3명 가운데 한 대가 되었다.[3] 미국의 도시는 더 이상 도보와 철도에만 의존하지 않아도 됐다.

자동차가 대중화되자, 철도가 가지 않는 곳에도 속속 시가지가 형성됐다. 1925년에는 세계 최초로 자동차에 기초한 쇼핑센터가 만들어졌다.[4] 사람들은 걸어가지 않고, 자동차로 이동해 쇼핑을 했다. 1947년 미주리 스프링필드에는 드라이브 스루 햄버거 가게가 생겼다. 사람들은 아예 차에서 내리지 않고 햄버거를 주문할 수 있었다.

우리나라 최초의 드라이브 스루 매장은 1992년 부산 해운대에 생겼다. 맥도날드였다. 2020년 3월 현재 전국에 252개의 맥도날드 매장과 238개의 스타벅스 매장이 드라이브 스루를 운영하고 있다.

2007년에는 경기도 여주에 국내 최초의 교외형 프리미엄 아울렛

인 여주 프리미엄 아울렛이
생겼다. 영동고속도로 여주
JC를 조금 지난 곳. 도로 양
쪽으로 숲이 이어지다 느닷
없이 도시가 하나 등장한다.
사람들이 모여 이룬 도시가
아닌, 쇼핑만을 위해 한 업체

이제 커피를 주문하기 위해 차에서 내릴 필요가 없다.

에 의해 만들어진 공간. 먼 길을 달려온 사람들은 거대한 주차장에
주차를 한 후 건물로 들어간다. 그들은 그곳에서 쇼핑과 식사와 약
간의 간식, 산책 등을 즐기다 다시 주차장으로 갈 것이다. 그렇게 차
에 오른 후 1시간 정도를 달려 그들이 살고 있는 도시의 집 주차장
(아파트 주차장, 빌라 주차장, 집 앞 거주자 우선 주차장이 대부분이다)에
주차를 하고 집으로 들어갈 것이다.

　여주 프리미엄 아울렛은 전형적인 자동차 중심 사회의 쇼핑몰이
다. 그 쇼핑몰을 걸어서 오는 사람은 없다. 사람들이 생활하는 도시
안에 있거나 직접 맞닿아 있을 필요도 없다. 사람들은 자동차로 쇼
핑몰까지 한 번에 와서, 그곳에서 쇼핑을 하고, 다시 도시로 돌아가
면 그만이다. 여주 프리미엄 아울렛의 성공에 고무돼서인지, 파주와
이천 등 수도권 외곽에 대규모 야외 주차장을 품은 쇼핑센터가 잇따
라 들어섰다.

　이러한 쇼핑몰이 성공하기 위해서는 자동차로 얼마나 손쉽게 갈
수 있느냐가 중요하다. 그래서 이런 쇼핑몰들은 빠른 속도를 낼 수
있는 자동차 전용도로 인근에 모여 있다. 넓은 주차장도 필수요소

다. 도시에서는 비싼 땅값 때문에 거대한 야외주차장과 저층의 대규모 쇼핑몰을 만들기 어렵다. 그래서 땅값이 비교적 저렴한 수도권 외곽이 타깃이 된다. 그렇게 쇼핑만을 위한 작은 도시가 만들어진다. 자동차 전용도로가 없었다면 애초에 탄생이 불가능한 장소다.

자동차가 대중화되면서 많은 도시가 자동차를 기본으로 생각하고 만들어졌다. 길을 만들 수 있는 공간에 차도가 만들어졌다. 그리고 공간이 남으면 남는 만큼 인도가 만들어졌다. 길의 주인은 사람이 아니라 자동차였다.

최근 지어지는 신도시는 이동할 때 자동차를 이용할 것을 전제로 만들어진다. 그렇게 우리는, 우리 도시를 자동차에게 내어주었다. 길을 자동차에게 내어줄수록 더 많은 사람이 도시를 이용할 수 있게 됐고, 우리는 더 빨리 다른 곳으로 이동할 수 있었다. 하지만 그로 인해 잃는 것이 있었다. 그래도 잃는 것보다 얻는 것이 더 많다고 생각했는지, 아니면 일단 한 길로 들어선 진화의 방향을 틀기가 힘들었는지, 도시에서 자동차가 차지하는 면적은 점점 늘어났다. 급기야 사람들에게 거리가 필요 없어질지도 모른다는 생각이 생겨났다. 사람들은 집에서 나와 주차장으로 갔다가 자동차를 타고 목적지의 주차장으로 갔으며 볼일을 보고 다시 주차장으로 갔다. 이런 삶을 사는 사람들에게 거리에서 보내는 삶은 없다. 거리는 존재 가치를 상실해갔다. 새롭게 생긴 혁신도시나 인천의 송도, 청라와 같은 신도시의 거리에는 사람이 적다. 초고층 아파트가 모여 있는 주거공간에서 주변에 있는 상업시설이나 공공시설에 가려면 자동차를 이용해야 하는 경우가 많았다. 사람들이 건물과 자동차 안에 주로 있으니 거리에 사람이 별로 없다.

동네 슈퍼와 철물점이 사라지고 대형마트가 등장했다. 그래도 별로 상관없었다. 차를 타고 가면 되니까. 하지만 거리를 걷는 것은 사람의 본능이었다. 사람들은 멋진 거리를 걸으며 쇼핑하는 것을 좋아했다. 유통업체는 이를 빨리 알아차렸다.

4

무엇을 발견했는지, 아이는 갑자기 엄마의 손을 놓고 달리기 시작했다. 엄마는 아이를 따라 달리는 척을 하더니 곧 느린 걸음으로 돌아간다. 다른 길이었으면 곧바로 아이를 따라잡아 목덜미를 잡아채고 한마디 했을 것이다. "차 조심해야지!"

하지만 이 거리에서는 그럴 걱정이 없다. 아이가 뛰어나가는 것 정도는 걱정할 필요가 없다. 자동차가 다니지 않는 이 길은 적당한 넓이를 가졌다. 길이 너무 넓으면 다니기는 편하지만 길과 주변 건물과의 관계가 약해진다. 길만 있는 곳은 별로 흥미롭지 않다. 이 길은 적당한 폭으로 주변 건물과 긴밀한 관계를 맺고 있다. 거리 양쪽에는 4층짜리 아담한 건물이 늘어서 있다. 건물의 1층에는 사람들의 관심을 끌 만한 상점이 줄지어 있고, 2층에는 규모가 조금 큰 식당이 있다. 3층부터는 오피스텔이 있어 사무실로, 집으로 사용된다.

거리에는 길을 걷다가 커피나 아이스크림을 먹고 싶으면 언제든지 들어갈 수 있는 멋진 카페가 즐비하다. 다양한 종류의 식당은 아직 식사 메뉴를 정하지 않은 사람들이 와도 좋을 환경을 만들어줬

거리를 쇼핑몰 안에 넣은 커넬워크.

다. 옷가게, 신발가게들은 지나가는 사람들의 발걸음을 늦춘다. 거리 곳곳에는 누구나 앉을 수 있는 의자와 테이블이 놓여 있다. 나는 볕 좋은 낮 시간이면 이 거리에서 글을 쓰는 것을 좋아한다. 태블릿 PC를 꺼내놓고 마음에 드는 테이블에 앉아 글을 쓴다. 글을 쓰다가 생각이 막히면 지나가는 사람들을 구경하기도 하고, 거리를 따라 흐르는 물과 분수를 멍하니 바라보기도 한다. 적당한 햇빛과 바람이 머리를 식혀주고, 나는 다시 키보드를 두드릴 수 있다.

이 거리는 내가 인천 송도신도시를 찾을 때마다 매번 들르는 거리다. 송도에서 가장 거리다운 거리인 이곳을 사람들은 커넬워크라고 부른다. 정식 명칭은 'NC 큐브 커넬워크'다.

이랜드그룹이 운영하는 쇼핑몰인 커넬워크는 사람들이 꿈꾸는 거리를 쇼핑몰 안에 넣었다. 사람들은 물길(커넬) 옆길을 자유롭게 걸어 다니며(워크) 쇼핑몰에서 돈을 쓴다. 우리 도시의 거리가 자동차에 치이고, 넓은 도로에 양편이 나뉘는 동안 쇼핑몰은 거리를 닮아갔다. 얼마 전 송도에 또 하나의 거리형 쇼핑몰이 생기면서 커넬워크를 걷는 사람의 수가 줄었다. 새로 생긴 쇼핑몰은 아예 이름을 '트리플 스트리트Triple Street'로 지었다. 이 쇼핑몰 홈페이지 첫 화면에는 이런 문구가 적혀 있다.

걷고 싶은 거리에서 쇼핑의 즐거움을 느껴보세요.

거리는 쇼핑몰이라는 이름을 달고 실내로, 지하로 진출했다. 김
포공항 롯데몰은 중앙의 백화점을 빙 둘러싼 원형의 거리를 만들었
다. 이 거리에도 식당과 카페가 즐비하다. 다양한 상점이 계속 나타
나 길을 걷기에 지루함이 없다. 거리 한복판에는 푹신한 의자가 있
어 카페에 돈을 지불하지 않고도 쉴 수 있다. 대형서점과 멀티플렉
스 극장은 기본이다. 거리는 건물 밖으로 이어진다. 깨끗한 모래가
깔려 있는 어린이 놀이터는 늘 아이들로 북적인다. 모래가 아이들
놀이에 좋다는 것은 상식이지만, 동네 놀이터에 있는, 행정이 관리
하는 모래의 위생 상태를 믿을 수 없는 부모들은 우레탄 바닥을 선
호한다. 하지만 쇼핑몰에서 관리하는 모래라면 걱정이 없다. 놀이터
앞에는 멋진 분수가 음악에 맞춰 춤을 춘다.

트리플 스트리트 홈페이지. 한국을 대표하는 '걷고 싶은 거리'로 소개하고 있다.

서울 삼성동의 코엑스몰은 거대한 지하의 거리다. 이 길에도 온갖 종류의 상점과 대형 서점, 대형 멀티플렉스 극장, 대형 수족관이 있다. 아이들의 장난감을 파는 가게에서부터 어른들의 장난감인 건담을 파는 가게까지, 놀이를 위한 것들이 거리 곳곳에 있다. 최근에는 그 거리에 커다란 도서관이 하나 생겼다. 별마당 도서관은 개장하자마자 코엑스몰의 명물이 됐다. 사람들은 자유롭게 도서관에서 책을 읽고, 작가와의 만남을 비롯한 다양한 강좌, 음악 콘서트, 패션쇼와 같은 이벤트를 즐긴다. 도서관과 문화시설은 오랫동안 공공시설로 여겨졌다. 우리 도시를 함께 살아가는 사람들은 책과 공연을 즐길 권리가 있다고 생각했고, 도서관과 문화시설은 세금으로 운영됐다. 하지만 우리의 국립중앙도서관은 서울의 시가지에서 한발 떨어진 곳에 홀로 우뚝 솟아 있다. 사람들이 일상생활을 하며 잠시 들릴 수 있는 곳이 아닌, 일부러 찾아가야 하는 곳이 됐다. 국립중앙도서관은 그 정도의 위엄을 갖추어야 한다고 생각한 것 같다. 예술의전당의 위치도 국립중앙도서관을 닮았다. 그렇게 우리가 시민을 위

시가지와 한발 떨어져 있는 국립중앙도서관(왼쪽)과 쇼핑몰 안에 위치한 별마당 도서관(오른쪽).

한 공공시설을 도시 외곽에 심어놓을 때, 쇼핑몰은 그들의 거리 안에 문화공간과 도서관을 넣었다.

쇼핑몰이 자동차를 밀어내고 걷고 싶은 거리를 만들어갈 때, 정작 도시의 거리는 거리로서의 기능을 상실해갔다. 도시의 중심 상업지역은 다양한 사람이 모이는 곳이다. 도시 중심으로서의 상업지는 넓은 배후를 바탕으로 다양한 활동을 가능케 하며, 그 활동을 가능케 하는 다양한 상점과 시설이 존재한다. 거리는 그런 시설을 연결시켜주고, 사람들의 활동을 살펴볼 수 있게 하며, 건물 내부의 활동을 외부로, 외부의 사람들의 움직임을 건물 안으로 연결시켜준다. 거리는 그냥 지나가는 곳이 아니다.

가장 오랜 시간 인천의 대표적인 중심 상업지 역할을 해온 신포문화의거리 모습을 보면, 우리가 거리를 어떻게 생각하고 방치하고 있는지를 적나라하게 보여준다. 신포문화의거리는 양쪽으로 옷가게와 커피숍 등의 상점이 늘어서 있고, 그 안쪽으로 좁은 보도와 차도가 있다. 차도는 한 개 차선의 일방통행 도로이지만, 자동차는 세 겹으로 거리를 점령했다. 길 양편으로 한쪽은 공영주차장이, 다른 한쪽은 불법주차장이 있다. 좁은 길을 자동차가 세 줄로 차지하니 사람이 다닐 만한 곳이 못 된다. 실제로 그 길을 가보면 걷고 싶은 마음이 전혀 들지 않는다. 신포문화의거리의 '거리'는 단지 자동차에서 내려 상점으로 들어가는 통로이거나, 빨리 빠져나가야 하는 곳일 뿐이다. 그곳에서 통행(그것도 불편한 통행) 이외의 것을 기대하기는 어렵다. 이는 우리가 살고 있는 도시 곳곳에서 볼 수 있는 장면이다.

쇼핑몰이 '쇼핑몰에서의 쇼핑(돈의 지불)'을 조건으로 거리다운

아직도 우리 주변에서 쉽게 볼 수 있는 거리의 모습이다. 거리의 주인은 누구인가?

거리를 만들며 도시의 상업거리와의 격차를 벌려나갈 때 주거지에서의 아파트는 그것을 '구매'할 수 있는 사람들을 위한 주거지를 만들며 일반 주거지와 완전히 다른 공간을 만들어냈다.

내가 살았던 '차 없는 아파트'는 특별한 곳이 아니다. 최근 지어지는 거의 모든 아파트는 차 없는 아파트다. 사람들은 자동차 없는 거리를 편안하게 걷고 싶었다. 우리 도시의 주거지에서 그런 환경을 찾기는 힘들었지만, 누군가 그런 환경을 만들어낸다면 기꺼이 돈을 내고 그 동네를 사려 했다. 사람들의 이런 욕구를 시장은 재빨리 파악했고, 건설사들은 차 없는 아파트를 만들어 분양했다. 그런 사이 아파트 단지와 일반 주거지의 주거환경 격차는 엄청나게 벌어졌다.

아파트가 대중화되던 초창기, 아파트 '단지'와 다세대 다가구 주거지의 큰 차이는 '주차'였다. 빌라나 다세대 주택에 살던 사람들이 '나도 아파트에서 한번 살아보자'라고 할 때, 그 이유로 첫손에 꼽은 것이 '주차 좀 편안하게 해보자'였다. 이 정도만 되도 '주거지'로서 아파트 단지는 매력적이었지만, 최근의 변화는 가히 혁명적이다.

우리는 아파트를 투기의 대상으로 삼는 사회 현상에 주목하느라 실제 아파트가 주거공간으로서 얼마나 매력적으로 거듭났는지에 잘 주목하지 않는다. 하지만 아파트 단지는 변신에 변신을 거듭하며 사람들이 원하는 주거환경을 향해 나아갔다. 아파트는 소비자의 수요를 파악했고, 소비자에게 잘 팔릴 만한 아파트를 만들었다. 단지형 아파트는 실제로 하나의 마을처럼 보였고, 따라서 '소비자가 원하는 아파트'라는 것은 '시민들이 살고 싶어 하는 마을'과 다름없다. 처음에는 주차하기 편하고, 놀이터와 경로당이 있는 동네 정도면 만족했다. 아파트에 예쁜 꽃나무가 심기더니 언제부터인가 아파트 단지 안에 분수가 생기고 냇물이 흘렀다. 2000년대 들어 등장한 차 없는 아파트는 아파트 단지 공간을 일반 주거지와 극적으로 차별화했다. 모든 주차장을 지하에 놓고 자동차는 단지 입구에 들어서자마자 땅속으로 들어갔다. 지상 공간은 온전히 사람의 공간이 됐다. 차 없는 아파트는 널찍한 사람의 공간을 갖게 되면서 더 다양하고 화려한 조경을 갖게 됐다. 아파트 단지는 공원이 됐고, 집은 공원 안에 있었다.

최근 몇 년 사이에는 커뮤니티 시설이 아파트 광고 전단지 전면에 등장했다. 단지 중앙에 커다란 커뮤니티 시설을 만들어놓고 그 안에 독서실, 문고, 어린이도서관, 실내놀이터, 보육시설, 키즈카페, 피트니스클럽, 실내탁구장, GX룸, 골프연습장, 수영장 같은 시설을 넣었다. 어떤 아파트는 아파트 최상층에 전망 좋은 카페를 만들어놓기도 했다. 아파트 건설사가 이런 아파트를 만든 이유는 간단하다. 사람들이 그런 공간에서 살기를 원했고, 그런 공간이 팔렸고, 그런 공간에 기꺼이 돈을 지불했기 때문이다. 그렇게 아파트가 변화하는 사이, 단독·다가구 주거지는 여전히 주차 전쟁을 벌이고, 사람들은 차를 피해 힐끔거리며 종종걸음을 했다. 이런 동네에 살고 있는 사람들은 자신의 동네가 주거지로서 좋지 않음을 알고 있었다. 분명이 문제를 해결해야 했다. 많은 사람은 그 방법으로 지금 살고 있는 동네를 개선하는 것보다는 돈을 더 모으거나 대출을 받아 더 좋은 환경을 가진 동네를 '구매'하는 것을 선택했다.

물론 우리 도시가 쇼핑몰과 아파트 단지에 거리의 기능을 모두 맡긴 것은 아니다. 1997년 서울 인사동, 관철동, 명동에 전국 최초의 보행자 전용 거리가 만들어진 후 전국 주요 도시의 중심 시가지로 보행자 전용 거리가 확산됐다. 보행 친화적 환경을 조성해 보행량을 늘려 상권을 강화하고, 보행자의 편의를 증진시키기 위한 시도였다. 주거공간에도 주차 문제를 해결하고 거리를 사람들에게 돌려주려는 시도가 있었다. 그린파킹^{Green Parking} 제도를 통해 자신의 담을 허물고 생긴 공간에 주차장을 만들면 세금을 지원해줬다. 그린파킹은 초기에는 성공하는 듯 보였지만, 담장을 허문 많은 집이 불편을 호소하며 다시 담장을 세우기도 하고, 담장을 다시 세우지는 않더라도 자신의 자동차를 군이 자신의 집 앞마당에 넣지 않으려는 사람들도 생겼다. 어떤 집에서는 안쪽에 주차를 했더니 바깥쪽에 누군가또 차를 세워놓아 애초에 차 한 대 대던 골목에 두 대가 세워지는 결

만약 익선동의 길이 넓고 자동차가 다녔다면, 지금처럼 많은 사람이 좋아하는 거리가 됐을까?

과를 낳기도 했다.

좁은 골목길로 되어 있어 애초에 자동차 진입이 어려운 동네가 핫플레이스로 떠오르기도 했다. 오래된 골목길은 자동차가 대중화되기 전에 만들어진 곳이어서 자동차 통행을 염두에 두지 않았다. 그래서 자동차가 통행하기 힘들고, 아예 자동차의 진입이 불가능한 곳도 있다. 서울에서 이런 대표적인 주거지는 북촌이다. 최근 북촌은 관광객이 몰려들어 주민들의 생활이 힘들 정도로 인기가 많다. 그리고 이곳은 애초에 주거지였지만, 너무도 많은 사람이 몰려오는 바람에 점점 상업지역으로 동네의 성격이 변하고 있다. 북촌보다 더 좁은 골목을 갖고 있는 서울 익선동은 최근 가장 핫한 거리가 됐다.

걷고 싶은 거리, 걷고 싶은 도시, 사람 중심의 거리에 대한 시민들의 욕구는 확인됐다. 하지만 여전히 우리 도시에서는 같은 공간을 두고 자동차와 사람 사이의 줄다리기가 계속되고 있다. 그렇게 주차장을 만들고, 주차장을 없앴다.

5

부산시는 시청 뒤 주차장을 없애고 바로 옆 공원을 넓히기 위한 용역을 추진했다. 해당 공원은 공원 내 동선이 주차장과 주차장 사이를 연결하는 도로로 끊겨 있어 반쪽자리 공원으로 불렸다. (《부산일보》. 2017.5.1.)

환경수도를 표방하는 창원시는 아름드리 소나무를 베어내고 콘크리트 주차장 조성 공사를 벌였다. 진해구 자은동 자은초교 옆 시루봉 등산로 입구에 있는 나무들을 모두 잘라내고 만들어질 주차장에는 141대의 주차면이 생긴다. 공사 비용은 16억 원이다. 지난해에는 마산합포구 청량산 입구에 녹지를 없애고 40면 규모의 주차장을 만들었고, 마산회원구 봉암수원지 입구에도 숲을 없애고 105면의 주차장을 만들었다. 창원시는 도심 열섬현상을 막기 위해 도심녹지만들기를 표방하고 있다. (《경남도민일보》. 2017.1.24.)

서울시는 버스 등 대형차 주차장을 제외한 탄천주차장을 폐쇄하고 시민공원으로 만들겠다고 밝혔다. 서울시는 교통이 혼잡한 강남의 승용차 통행량을 근본적으로 줄이기 위해 아예 주차장을 없애야 한다고 보고 있다. 대중교통을 활성화하기 위해 내년부터 영동대로 지하에 조성하는 고속철도, 수도권광역급행철도 등 6개 철도망 사업과 맞물려 강남의 승용차 이용을 억제하겠다는 의도다. 이에 강남구는 이것만으로는 주차 수요를 감당할 수 없다며 주차장 폐지에 반대하고 있다. (《동아일보》. 2016.3.31.)

인하대학교 캠퍼스 풍경이 크게 변했다. 자동차들이 복잡하게 주차해 있던 자리는 쾌적한 통로로 변했고, 학생들이 편히 쉴 수 있는 휴식 공간이 새롭게 들어섰다. 강의실은 최첨단 기기와 널찍한 책걸상이 놓인 계단식으로 바뀌었다. 인하대는 지난해 중순부터 교내외 외부환경개선 공사를 통해 '학생 중심'의 캠퍼스로 만들어가고 있다. 주차장 등이 사라지다 보니 교직원들은 불편할 수밖에 없다. 그렇지만 학교 구성원의 대다수를 차지하는 학생들은 여러모로 만족하고 있는 모습이다. (《인천일보》. 2017.3.23.)

2009년~2014년 사이 대전 시내 아파트 중 놀이터를 줄이거나 아예 없애고 주차장을 설치한 사례가 44곳이다. 주차하기는 편해졌지만 그만큼 아이들은 갈 곳이 없어졌다. (KBS. 2014.1.4.)

지난 6월, 근대건축물의 산실 인천 개항장에 건물이 하나 철거되고 그 자리에 주차장 공사가 시작됐다. 철거된 건물은 근대건축물인 옛 애경사 건물, 사업비는 70억 원, 새로 생길 주차장 면수는 승용차 102대이다. (《천지일보》. 2017.6.7.)

부산 송도 암남해변에는 40년 전부터 해산물을 파는 해녀촌이 형성되어 있었다. 서구청은 그 자리에 주차장을 만들겠다며 해녀촌 철거를 통보했다. 해녀촌을 철거하면 20대의 자동차를 주차할 공간이 생긴다. 반면 사정이 비슷한 부산 영도구 태종대의 해녀촌은 지난해 구청이 관광 자원으로 삼겠다며 오히려 주차장 부지를 내주는 정반대의 행보를 보이고 있다. (JTBC. 2017.7.10.)

여수시청 뒤편 용기공원은 여수 중심지가 맞는지 의문이 들 정도로 자연이 살아있는 곳이다. 산책로, 야외공연장, 야생화단지, 만월정 등 공원 곳곳에서 산책하고 운동하는 시민들을 만날 수 있다. 하지만 이 공원은 주차장이 될 뻔했다.

2010년 11월 여수시는 48억 원을 들여 용기공원을 주차장으로 만들 겠다는 계획을 발표했다. 여수의 시민단체들은 주차장 건설보다는 대중교통 중심의 교통체계 구축이 중요하며 용기공원은 꼭 보존되 어야 한다고 주장했다. 여수시도 주차장 조성과 공원 보존 사이에서 몇 차례 입장이 바뀌는 등 용기공원의 주차장화를 둘러싸고 큰 논쟁 이 있었다. 최종적으로 용기공원을 생태공원으로 조성하기로 결정 했고, 2012년 5월 1일, 멋진 공원으로 다시 탄생했다. (《오마이뉴스》. 2016.5.10.)

광주시는 주차난 해소를 위해 어린이 놀이터를 주차장으로 바꾸는 사업을 추진하고 있다. 지난 5년간 광주 지역 아파트 내 어린이 놀이 터 95개소가 철거됐으며 그중 상당수가 주차장으로 용도를 변경했 다. 광주시와 일선 자치구는 2008년부터 내 집앞 주차장 갖기 사업 을 시행하고 있는데, 아파트 놀이터를 주차장으로 변경할 때도 최대 5,000만 원을 지원하고 있다. 이에 대해 일선 지자체 관계자는 "광 주시와 자치구는 관계 법령에 의해 놀이터가 주차장으로 용도 변경 이 되면 지원을 할 뿐이다"라며 "결국 선택권은 아파트 입주민들에 있다"라고 밝혔다. (《노컷뉴스》. 2017.6.20.)

6

자동차가 늘어나면 그에 따라 많은 도시공간이 자동차에 배정된 다. 길이 막히면 길을 넓히고, 주차난이 심화되면 주차장을 만든다.

그렇게 우리 도시에서 자동차에게 배정된 공간은 점점 늘어갔다. 2018년 기준으로 서울에 등록된 자동차의 수는 312만 4,651대였고, 이들을 위한 주차면수가 412만 9,723면이 존재했다.[5] 현행 주차장 면적 기준은 가로 2.5미터, 세로 5미터로 12.5제곱미터다. 이 면적을 주차면수와 곱하면 약 52.7제곱킬로미터로 여의도 면적의 18배에 달한다. 종로구와 용산구를 합친 면적만큼이 주차장으로 배정된다. 물론 이는 주차장 출입을 위한 진출입로와 주차장 내 이동 도로는 뺀 면적이다. 면적이 아무리 넓다고 해도 필요하다면 그렇게 할 수 있다. 하지만 한 번 꼭 생각해볼 필요는 있다. 과연 우리 도시에서 이렇게 넓은 면적을 자동차 주차를 위해 할당하는 방향이 우리를 행복하게 할까?

우리 도시는 자동차의 수가 늘어나는 대로 자동차에게 많은 공간을 할당하는 방향으로 도시공간을 재배치해왔다. 이는 외국의 다른 도시도 마찬가지다. 하지만 이런 방향이 좋은 것인지에 1980년대를 앞두고 의문이 제기되었다. 미국의 다운스, 영국의 모그리지 등은 도로의 증가가 교통난 해소에 도움이 되지 않는다는 이론을 발표했다. 이들 이론의 핵심은 도로가 늘면 일시적으로 통행 속도가 빨라지지만, 곧이어 그것에 맞추어 통행량이 늘어 결국에는 도로가 늘기 전의 상태로 돌아간다는 것이다. 이는 역으로 말하면 도로를 없애면 주변 도로의 교통난이 예상되지만, 사람들은 곧 그것에 적응하고 자동차의 통행을 스스로 억제하여 균형을 맞춘다는 말이 된다. 이 이론이 우리나라에 처음 적용된 것은 2005년 청계천 복원 때다. 청계고가도로와 고가도로 아래의 도로를 없애고 청계천을 복원함으로써 기존의 12개의 차선이 4차선으로 줄어들었다. 많은 사람이 심각한 교통 체증을 우려했지만 도심의 차량 평균 속도에는 변함이 없었다. 청계천 복원 전과 후 출근 시간 도심 진입 차량 수는 시간당 4만 2,380대에서 4만 1,126대로 줄었다. 지하철의 교통 분담율은 32퍼센트에서 35.6퍼센트로 증가했다.[6] 그 대신 서울시민들은 청계천이라는 공간을 얻었고, 그곳에서의 산책, 만남, 대화, 여유, 탁 트인 시야, 매연이 줄어든 공기를 얻었다. 모든 경우에 적용할 수는 없지만, 우리 도시는 이제 '도로를 줄일 수 있다'라는 옵션을 하나 얻었다.

사실 세계 여러 나라는 도시에서 자동차의 통행을 줄이고 자동차에게 할당된 공간을 사람에게 되돌리는 일을 하고 있다. 노르웨이의 수도 오슬로는 2017년 300곳의 주차장을 없애고 2018년에는 700곳의 주차장을 추가로 없앴다. 주차장을 없앤다는 것은 자동차의 진입 자체를 막겠다는 것이다. 오슬로는 개인 차량의 도심 진입을 전면적으로 금지하겠다는 정책을 발표했다. 차 없는 거리를 점진적으로 확대하던 프랑스 파리는 2017년 10월 1일, 파리시 전역에서 긴급차량 등을 제외한 모든 차량의 통행을 금지했다. 하루뿐이지만 파리 시민들은 사람에게 온전히 부여된 파리를 느꼈다. 공유자전거 벨리브로 큰 성공을 거둔 파리는 2020년까지 자전거도로를 두 배로 늘리고, 특정 도로는 전기차의 통행만 허용할 예정이다. 독일의 함부르크는 도시 안 공원을 도보와 자전거로만 다닐 수 있도록 하는 '그린 네트워크'를 발표했다.[7]

스페인의 폰테베드라시는 모든 차량의 도심 진입을 금지했다. 대신 도시 외곽에 8만 대의 차량을 수용하는 무료 주차장을 만들었다.

사람들이 생활하는 도시 내부에는 자동차가 없다. 공해가 줄어들었다. 자동차가 없으니 사람들은 매일 퇴근길에 근처 상점에 들러 조금씩 먹거리를 샀다. 신선한 재료가 밥상에 올라왔고, 상권이 살아났다. 아이들은 마음껏 도시에서 뛰어다니고, 거리에서 이웃을 만나는 횟수가 늘었다. 시민들의 삶은 여유로워졌고, 거리는 활기차졌다. 이런 도시의 변화에 자긍심을 갖는 시민들이 늘어나면서 자신의 도시를 사랑하고, 그 도시를 가꾸는 자발적인 움직임이 생겼다. 그들은 17년째 차 없는 도시에서 살고 있다. 이 일을 추진한 미구엘 로레스Miguel anxo Fernandez Lores 시장은 단순히 교통문제나 공해문제를 해결하기 위해 차 없는 도시를 구상한 것이 아니었다. 차 없는 도시가 되면 사람들의 생활 방식이 획기적으로 바뀔 것으로 기대했고, 실제로 그런 변화가 일어났다. 자동차를 이용하는 방식은 삶의 방식에 직접적인 영향을 미쳤다. 우리가 살고 있는 도시의 길을, 동네의 길을 사람 중심의 걷고 싶은 거리로 만드는 일도 이와 같다. 이는 단순한 보행권 확보의 문제가 아니다. 길의 모습은 그 길을 접하며 살아가는 사람들의 삶을 바꿔놓는다. 우리의 마을길이 사람 중심의 길이 된다면, 나의 삶은 어떻게 바뀔까?

폰테베드라의 시민들은 차 없는 도시에서의 삶을 선택했다. 미구엘 로레스 시장은 다섯 번째 연임됐다. 우리는 어떤 선택을 할까? 배다리마을 사람들은 어떤 마을을 갖게 될까?

여기서 벼룩시장을
열면 안 되나요?

1

도시의 많은 공간을 자동차에게 주다 보니 도시에서 가장 쉽게 찾을 수 있는 넓은 공간은 차도와 주차장이다. 원래의 용도가 가장 중요하니 평상시에는 차도와 주차장으로 이용한다 하더라도, 상황에 따라서는 다른 쓰임의 가치가 더 커질 때가 있다. 그럴 때면 우리는 차도나 주차장을 다른 용도로 사용하기도 한다.

삼척시 도계읍의 중심가에 있는 도계 공영주차장은 평상시에는 주차장으로 이용되지만 5일에 한 번씩 시장으로 바뀐다. 도계읍에서 가장 활용도가 높은 넓은 외부 공간이 바로 이 주차장이다. 주차장 한켠에 깔끔한 화장실까지 지어놓은 이 공간은 오일장뿐 아니라 다양한 용도로 활용이 가능하다.[1]

평택의 한 아파트에서는 2018년 5월 가정의 달을 맞아 입주민들이 함께 음식과 공연을 나누는 행사를 아파트 단지 야외에서 하기로 했는데, 행사 당일 비가 많이 오자 행사 장소를 지하 주차장으로 옮

장터가 된 도계읍의 주차장.

겼다. 이런 행사를 치를 만한 넓은 실내 공간으로 주차장이 제격이었고, 주민들은 자발적으로 자동차를 옮겨 주차장에 행사 공간을 마련했다.[2] 인천시 부평구는 매년 부평대로의 자동차 출입을 통제하고 풍물축제를 연다. 평상시 자동차로 가득했던 부평대로는 이틀 동안 축제의 장이 된다. 서울의 세종대로는 봄가을의 일요일이면 차 없는 거리가 된다.

일주일에 하루, 서울 한복판의 넓은 공간은 시민의 쉼터, 행사장, 체험장이 된다.

이렇게 '도로'나 '주차장'처럼 용도가 정해져 있는 공간도 우리는 상황에 따라 그 공간을 다른 용도로 사용할 수 있다. 이런 유연한 쓰임이 없다면 우리 도시에서 할 수 있는 일이 줄어든다. 모든 행위를 위한 공간을 따로 만들 수는 없다. 엄청난 공간과 비용이 필요하기 때문이다. 도시에 광장이 필요한 이유도 광장이 가진 열린 속성 때문이다. 비어 있는 열린 공간, 어떤 행위든 받아낼 수 있는 공간, 그런 공간 하나쯤은 있어야 하지 않겠나.

광장은 도시 단위에서도 필요하고 마을 단위에서도 필요하다. 사람들이 함께 다양한 행위를 하는 곳이라면 그것을 받아낼 공간이 있어야 한다. 도시라면 적극적으로 광장을 가져야 한다. 하지만 '광장'이라는 이름을 가진 공간을 모든 마을이 갖기는 쉽지 않다. 골목 몇 개만 지나면 광장이 나오는 유럽의 도시와 달리, 우리의 도시에는 애초에 광장이 없었다. 하지만 공간을 유연하게 사용할 수만 있다면, 그곳이 어떤 공간이든 마을과 같은 작은 공동체 안에서는 광장의 역할을 충분히 할 수 있다. 마을에도 도로가 있고, 주차장이 있고, 놀이터가 있고, 학교 운동장이 있다. 문제는 그 공간을 융통성 있게 사용할 수 있느냐다.

광장의 역할을 할 수 있는 공간은 실내보다는 실외가 좋다. 접근성이 뛰어나면 더 좋다. 동네 사람이라면 누구나 아는 공간, 늘 그 곁을 지나다니는 공간, 집에서 걸어서 10분 안에 갈 수 있는 공간, 그런 공간이면 더할 나위 없이 좋다. 인천의 한 마을에도 그런 공간이 있었다. 하지만 용도가 엄격히 정해져 있었고, 늘 비어 있었다.

2

인천시 계양구 장기동은 강서 지역 최대의 3·1 만세운동이 일어난 곳이다. 당시 동네 한복판에는 '황어장'이라는 오일장이 섰다. 지금의 강서, 구로, 부천, 부평, 계양을 아우르는 넓은 지역이 부평이었는데, 그 부평 지역 최대의 장이 황어장이었다.

1919년 3월 24일은 장날이었다. 전국의 많은 지역에서 그랬던 것처럼, 장기동에서의 3·1운동도 장날을 기해 일어났다. 600여 명이 모여 만세운동을 했으며, 40여 명이 체포되고 고문당하는 고초를 겪었다. 2004년 8월, 황어장터에서 일어난 3·1 만세운동을 기념하기 위해 황어장터3·1만세운동기념관이 세워졌다. 전체 1,115제곱미터의 부지에 53제곱미터의 소박한 건물이 세워졌다. 건물 안에는 당시의 신문기사와 판결문 등이 전시됐다. 외부 공간에는 당시를 기념하는 기념탑이 세워졌고, 나머지 공간은 광장이 됐다.

황어장은 일제강점기까지만 해도 사람들이 많이 모이는 장이었지만, 부평의 중심지가 부평역 인근으로 옮겨 가고, 옛 부평 지역이 공단과 시가지로 가득 차고, 그러던 중에 김포공항 주변의 개발이 제한되면서, 인천의 끝자락 김포공항 인근에 위치한 황어장은 더 이상 열리지 않았고, 장터를 둘러싼 마을은 도시 외곽의 작은 마을로 남았다. 도시 외곽의 작은 마을에 있는, 규모도 작고 잘 알려지지도 않은 3·1운동 전시관을 찾는 사람은 거의 없었다. 관리를 맡은 공익근무요원 한 명만 하루 종일 빈 전시관 안에서 졸고 있었다. 작은 전시관을 찾는 사람이 별로 없는 것은 쉽게 이해가 된다. 이해가 안 되는 것은 동네 한복판에 있는 광장까지 이상하리만큼 사람이 별로 없다는 것이었다. 광장 한쪽 끝에는 운동기구도 있었지만 이용하는 사람은 거의 없었다. 담배 한 대 들고 서성이는 사람과 가끔 길 삼아 광장을 가로질러 지나가는 사람이 거의 전부였다. 나도 이 광장을 가끔 길 삼아 지나갔다. 아, 이곳은 내가 살고 있는, 차가 조금 있는 마을이다. 난 이 광장을 지나다니면서 광장이 정말 아깝다는 생각을 했다. 이 공간만 잘 활용해도 다양한 활동을 할 수 있을 텐데. 하지만 나도 생각뿐이었고, 그냥 출근길에 어쩌다가 그 광장을 바쁘게 가로지를 뿐이었다. 그런데 이 광장을 아까워했던 사람은 나뿐이 아니었다.

1년에 하루, 3·1운동 기념식이 있을 때를 제외하고는 비어 있는 황어장터 광장.[3]

　2013년 봄, 장기동 사람들이 모여 있는 인터넷 카페에는 '벼룩시장을 열자'라는 글이 하나 올라왔다. '집 안의 못 쓰는 물건도 서로 나누고, 이참에 얼굴 보고 인사나 하자'라는 취지였다. 보통 지역을 기반으로 하는 인터넷 카페는 크게 두 종류가 있다. 하나는 특정 아파트 단지 입주민들의 인터넷 커뮤니티다. 재개발이나 재건축을 통해 새로운 아파트가 생길 때, 조합원을 중심으로 인터넷 커뮤니티를 만들어 재개발, 재건축 과정에 대한 정보를 나눈다. 재개발, 재건축을 통해 조성된 단지가 아니더라도, 아파트가 분양되는 시점에 새로 입주할 아파트에 대한 정보를 나누기도 한다. 그렇게 생긴 인터넷 카페는 아파트 입주가 완료된 이후에도 지속되면서 동네의 온라인 사랑방 역할을 한다. 같은 아파트 단지 안에 살면 여러 가지 경제적·생활적 이해를 같이하니 인터넷 커뮤니티가 활발하다. 또 하나는 자치구별로 형성되는 '엄마들의 모임' 같은 커뮤니티다. '구로맘카페'나 '영등포맘카페'처럼 같은 구에 속해 있는 사람들끼리 정보를 교환할 목적으로 만들어진다.

'장기동 카페'는 좀 특이한데, 하나의 아파트도 아니고, 행정 구역을 기반으로 하는 넓은 범위의 커뮤니티도 아니다. 세 개의 아파트 단지와 빌라, 단독주택, 인근 상가 등이 모두 참여하는, 말 그대로 '동네' 인터넷 카페다. 이것이 가능한 이유는 그 마을이 논과 간선도로 등으로 사방이 막혀 마을의 지역적 경계가 명확해, 이 안에 살고 있는 사람 모두가 생각하는 동네의 범위가 같기 때문일 것이다. 어쨌든 그런 인터넷 카페가 존재한 덕분에 그곳에서 의견을 나누고, 다시 오프라인에서 만나는 과정을 통해 벼룩시장이 준비되었다. 별 문제 없을 것 같았던 벼룩시장 준비가 벽에 부딪힌 것은 '장소' 문제였다. 처음 벼룩시장을 제안했던 사람은 '장소'에 대해 별걱정이 없었다. 동네 한복판에, 접근성이 좋고, 벼룩시장을 하기에 좋을, 늘 비어 있는 광장이 있기 때문이다. 동네 사람들이 모여 무언가를 '하자'라고 했을 때 너무도 자연스럽게 그 광장을 떠올렸다. 그런데 장소 사용이 불허됐다. 장소 사용을 문의한 주민이 인터넷 카페에 올린 구청의 불허 이유는 다음과 같다.

황어장터는 현충시설로 분류되어 엄숙히 관리해야 하므로 일체의 상행위는 허가할 수 없음. 만일 벼룩시장을 해야 한다면 계양구청에서 하고 있으니 거길 이용할 것.

현충시설이므로 엄숙히 관리해야 한다는 구청의 입장이 이해가 가지 않는 것은 아니다. 하지만 이는 현장을 전혀 모르는 말이다. 황어장터3·1만세운동기념관(광장)은 1년에 하루, 3·1절 기념행사를 할 때를 제외하고는 '추모'를 위해 오는 사람이 거의 없다. 또 그 광장은 도시 외곽에 외따로 떨어져 있는 작은 마을의 한가운데에 위치해 있다. 경직된 엄숙주의로 마을의 요지에 있는 널찍한 광장이 늘 비어 있는 곳으로 남아 있다. 이곳에서 3·1만세운동을 했던 조상들도 외로움에 서로 부둥켜안고 있을 지경이다. 이 공간이 살아나려면 마을 사람들이 이용할 수 있어야 한다. 마을 사람들이 다양한 용도로 이 공간을 활용할 때 공간의 의미도 되살아난다. 장소를 이용하다 보면 장소의 의미를 되돌아보게 된다. 게다가 이번에 마을 사람들이 하고자 했던 일은 '벼룩시장'이었다. 이곳은 원래 장이 서던 곳 아닌가!

구청의 태도는 하나의 공간을 하나의 용도로 제한함으로써 도시 공간의 효율성을 현저히 떨어뜨리는 것이었다. 공간뿐 아니라 주민들의 행위도 경직된 시각으로 바라보았다. 벼룩시장을 '상행위'로 본 것이다. 마을 사람들이 벼룩시장을 하려는 의도는 장롱에 처박혀 있는 옷을 500원, 1,000원에 내다 팔아 한몫 챙기려던 것이 아니다. 동네 사람들과의 교류하는 장을 만들고 싶었던 것이다. 분명 돈이 오가지만, 그것은 상행위가 아니다. 주민들은 구청에 벼룩시장을 하려는 뜻, 그리고 황어장터에서 하려는 의도를 여러 차례 설명했지만 결국 장소 사용 허가는 받지 못했다. 더 이상 힘 빼지 말자는 의견이 나오면서 결국 인근 놀이터로 장소를 옮겨 벼룩시장이 열렸다. 우리 동네 첫 번째 벼룩시장이었다.

규모가 작은 우리 동네는 대도시에 있는 다른 동네에 비해 사람들 사이의 교류가 많은 편이다. 아무리 그래도 아는 사람들끼리만 알고 지내는 경향이 있었는데, 벼룩시장은 정말로 사람들이 교류하는 장이 됐다. 인터넷 카페에서만 의견을 나누던 사람들이 얼굴을 보며 인사를 나눴다. 동네 사람들이 함께한 재미있었던 경험은 이후의 일을 도모하는 것으로 이어졌다. 봄가을, 1년에 두 번씩 벼룩시장을 하자는 이야기가 나왔고, 동네에서 영화상영회도 하자는 의견도 나왔다. 그래서 그해 여름에 '찾아가는 별빛 영화관'을 하기로 했다. 어디서? 황어장터 광장에서.

3

'별빛 영화관' 행사를 위한 황어장터 광장 사용은 불허됐다. 구청은 '현충시설이니 안 된다'라는 말에 '소음 민원이 예상된다'를 덧붙였다. 조용하고 엄숙하게 관리되어야 한다는 입장을 고수했다. 하지만 마을 사람들 입장에서는 정말로, 그 광장은 마을 한복판에 있는 마을의 광장이었다. 조용하고 엄숙하게 관리되어야 한다면 그곳에서의 일상적인 대부분의 행위는 금지되어야 했다. 광장 한쪽에는 운동기구가 설치되어 있었는데, 애초에 그것도 현충시설과는 어울리지 않았다. 광장을 만든 사람들이 보기에도, 이곳은 다른 현충시설과는 달리 마을과 어우러지는 공간일 수밖에 없었기 때문에 운동시설을 놓았을 것이다. 구청의 반복되는 장소사용 불허통보에 화가 난 몇몇 주민의 입에서 '그럴 거면 아예 담장을 쳐라'라는 말까지 나왔다. 하지만 정말 담장이 쳐진다면 그 공간은 지나가는 사람도 없는, 정말 1년에 딱 하루를 위한 공간이 될 것이다. 여러 차례 문제 제기

끝에 구청장을 만났고, 구청장은 사용 허가를 지시했다. 그렇게 황어장터의 광장은 광장이 조성된 후 처음으로 동네 사람들에 의한 행사 장소가 됐다. 행사를 준비한 주민들은 광장 인근에 살고 있는 주민들을 하나하나 찾아가서 행사 당일의 소음에 대한 양해를 구했다. 동시에 '별빛 영화관'을 함께할 것을 권했다. 행사 당일, 별빛 아래에서 300여 명의 주민이 함께 영화를 봤다.

'별빛 영화관' 행사는 다음 해에도 계속됐다. 주최측은 행사 장소로 작년과 같이 황어장터 광장을 신청했다. 구청은 '현충시설이므로 안된다'라며 또다시 불허했다. 행사 장소는 인근 초등학교 운동장으로 결정됐다. 몇 차례 힘든 과정을 겪은 주민들은 이후 황어장터 광장에서 행사를 하려는 생각을 접었다. 동네 행사에는 인근 놀이터, 성당 앞마당, 초등학교 운동장이 활용됐다. 동네 한복판의 광장은

광장 사용이 막히면서 주민들은 놀이터 한쪽, 초등학교 운동장 등을 돌며 벼룩시장을 열었다. 초등학교가 있어서 참 다행이다.

그렇게 그 자리에 있었다.

4

다양한 용도로 사용되면 동네의 소중한 자산이 될 수 있는 시설이 거의 모든 마을에 존재한다. 바로 초등학교다. 젊은 시절 여기저기 이사를 다니던 사람도 아이가 태어나고, 그리고 그 아이가 학교에 들어갈 때가 되면 어느 마을에 '정착'하면 좋을지를 고민하게 된다. 그리고 아이가 초등학교에 입학하게 되면 이사 횟수가 줄어든다. 아이의 입학은 정주성이 약한 우리 도시에서 정주성을 높여주는 중요한 의식이다.

아이가 초등학교에 들어가면 그 가족은 지역사회의 일원이 된다. 어른들의 커뮤니티는 아이를 중심으로 재구성된다. 같은 반 부모들은 여러 정보를 주고받는다. 함께 녹색 깃발을 들고 횡단보도 앞을 지키기도 한다.

초등학교는 공간적으로도 매우 중요하다. 초등학교는 법률상 통학거리 1,500미터를 넘지 않게 지어야 한다.[4] 그러니 웬만한 마을에는 초등학교가 한두 개씩은 있다. 근린주구론으로 도시계획가들에게 많은 영감을 준 클래런스 페리Clarence Perry는 학교(특히 초등학교)를 시민을 위한 진정한 시설이라고 말했다. 학교의 운동장과 강당, 체육관 등은 정치집회, 투표, 녹지, 스포츠시설, 봉사활동, 도서관 등 지역 커뮤니티의 핵심 장소로 활용된다.[5] 하지만 우리 도시에서 초등학교가 마을의 열린 공간으로 사용되기는 쉽지 않다.

학교 운동장은 지역 주민이 함께 사용하는 대표적인 시설이다. 웬만한 마을에서는 학교 운동장처럼 넓은 공터를 찾기 쉽지 않다. 여러 운동시설까지 구비되어 있는 학교 운동장은 동네 사람들의 운동공간이 됐다.

2000년대 초반이 되면 더욱 적극적으로 학교시설을 지역과 함께 이용하자는 운동이 일어났다. 기업이나 행정의 지원을 받아 학교 안에 학교숲을 만들어 학생들의 정서 함양에 도움을 주고, 담장을 허물어 지역 주민과도 공유하자는 운동이었다. 학교숲 운동을 초기에 주도했던 곳은 '생명의 숲'이라는 시민단체였다. 유한킴벌리의 후원으로 진행된 학교숲 운동에 많은 학교가 동참했고, 지역 주민과 학생, 교직원들의 호응을 얻었다. 시민단체의 활동에서 시작된 학교숲 운동은 지자체의 사업으로 확산됐다. 그렇게 많은 학교가, 그리고 학교가 있는 마을이 작은 숲을 얻었다. 그러던 2010년 6월, 서울의 한 초등학교에서 여학생이 납치돼 성폭행을 당하는 사건이 발생했다.

학교의 '담장허물기'는 중단됐다. 다시 담장을 쌓는 학교가 늘었다. 우리나라에서 처음으로 담장허물기가 시작된 대구에서만 2012년에서 2015년 사이, 담장을 허물었던 47개 학교를 포함한 134개교가 담장을 쌓았다.[6]

2018년 4월, 서울의 한 초등학교에서 인질극이 일어났다. 외부인의 출입을 제대로 통제하지 않은 학교에 비난 여론이 일었고, 전국의 초등학교에서 외부인의 출입을 엄격히 통제했다. 학교의 보안이 강화되면서 출입이 통제된 학교를 지역사회가 함께 이용하는 것은 불가능한 일이 됐다.

무릉초·중학교 시설물 이용 안내 및 준수사항

무릉초·중학교 시설물은 학생·학부모·지역주민 등 우리 모두의 소중한 재산입니다.
깨끗하고 쾌적한 시설물 유지를 위하여 아래사항을 안내하오니 준수하여 주시기 바랍니다.

1. 개방시간

구분	이용 가 능 시 간	
	오전	오후
평 일	06:00 ~ 07:00	17:30 ~ 20:00
토·공휴일	06:00 ~ 20:00	

대부분의 도시에서 학교 출입을 엄격히 통제하는 것과 달리, 제주도의 학교 운동장은
주민들의 운동, 산책 공간으로 여전히 활용되는 중이다.

동네에 초등학교가 하나 있다는 것은 예쁜 정원이, 넓은 운동장
이, 쾌적한 강당이 하나 있다는 뜻이다. 초등학교를 지역사회에서
적절히 잘 사용하면 세금도 아끼고 주민들의 삶의 질도 높아질 수
있다. 하지만 몇몇 사건과 그 사건에 대한 시민들의 반응, 교육 당국
의 대처 방식은 학교를 '학생들이 공부하는 곳'으로 한정 짓게 한다.

공간이 하나 생기면 당연히 그 공간을 유지하는 데도 비용이 든
다. 지역사회가 학교숲을 얻었다면, 그 숲 공간을 유지·관리할 책임
의 일부도 지역사회가 맡아야 한다. 이때의 지역사회는 주민일 수
도 있고, 행정일 수도 있다. 공간을 즐길 의사는 있지만, 책임을 맡
을 의사는 없다면 공간을 누릴 수 없다. 그러면 쓰레기가 쌓여가고,
옳지 않아 보이는 행위가 계속되고, 아무도 책임지지 않으니 학교의
부담은 늘어가고, 학부모들의 불만이 커진다. 그에 대한 해결책은
다시 담장을 쌓는 것이었다.

이런 식으로 하나의 공간이 하나의 용도로만 이용될 때 도시공간
의 효율성을 급격히 떨어진다. 사람들이 차도를 막고 시위를 벌이면

'차 막히게 왜 그러냐. 인도로 올라가라!'라고 말하는 사람들이 있다. 우리 도시에서 어떤 개인이나 집단이 목소리를 내는 것은 우리 사회를 건강하게 만드는 데 매우 중요한 요소다. 거리 행진은 그런 목소리를 알리는 데 효과적인 수단인데, 만약 이런 사람들의 행진이 차도에서 불가능하다면 우리 도시는 그런 목소리를 내는 수단을 잃거나 행진을 위한 공간을 따로 만들어야 한다. 풍물축제를 할 때 차도를 막는 것이 시민들에 의해 거부된다면 풍물축제는 시민의 일상과 유리된 장소에서 일어날 것이다. 그런 행사는 하나의 이벤트일 뿐이지, 도시를 살찌우지는 못한다.

장기동에서 있었던 일은 '현충시설'이라는 특수 상황이라고 말할 수 있다. '현충시설', '애국심'과 같은 단어가 갖는 무게는 다른 의견을 막는다. 하지만 그 단어에 매몰될 필요는 없다. 우리는 조금 더 넓은 마음으로 공간의 용도 변화를 대할 필요가 있다. 그렇지 않다면 우리 도시는 온갖 종류의 시설물로 가득 차고 분절된 공간이 될 것이다. 그리고 특정 용도로 한정 지어진 공간은 특정 용도로 활용되지 않을 때 비어 있을 것이다.

동네 사람들의 사랑을 받는 공간 하나, 다양한 행위를 받아내는 공간 하나는 공간 이용의 효율성을 높일 뿐 아니라 사람들의 경험과 기억을 고스란히 담아내는 역할도 하게 될 것이다. 동네 사람이라면 누구나 쉽게 떠올리는 공간, 공동의 기억을 담은 공간은 그 동네를, 그 동네에 있는 사람들의 집을, 단순히 머물며 잠을 자는 공간이 아닌, 삶을 살았던 장소로 남게 할 것이다.

'거리' 가꾸기에서
'사회'로 퍼져나간 상인운동

1

잘나가던 상권이 흔히 그랬던 것처럼, 부평시장에서도 개가 만원짜리를 물고 다녔었다. 손님들이 건네준 만 원짜리 지폐를 꾹꾹눌러 담은 빠께쓰를 하루에 세 번씩 갈아치웠다는 전설이 전해지는곳. 하지만 부평시장도 여느 전통시장과 마찬가지로 유통 환경의 변화에 어려움을 겪었다. 부평시장 한쪽에는, 당시는 특별한 이름도없었던 '부평 문화의 거리'가 있었다.

1996년 부평시장 주변에는 백화점이나 대형마트와 같은 현대적인 쇼핑 시설이 출점했거나 출점을 앞두고 있었고, 우리나라 최대규모의 부평역 지하상가가 손님을 끌어모으고 있었다. 깨끗하고 쾌적한 쇼핑 시설이 늘어나고 있던 즈음에, 상인들은 자신의 거리를돌아보았다. 노점과 가게에서 내놓은 물건과 주차된 차들이 뒤엉켜 있었고, 사람들은 좁아진 인도 사이를 방황했다. 그런 거리를 사람들이 찾을 리 만무했다. 상인들은 우선 거리를 살려야 한다고 생각했다. 장사가 잘되는 것은 그다음이었다. 상인들이 생각한 방법은 '차가 다니지 않는 문화의 거리'를 만드는 것이었다. 거리가 자동차 중심이 아닌 사람 중심이 된다면, 좀 더 많은 사람이 거리를 찾을 것이고, 그러면 자연스럽게 장사도 잘될 것 아닌가! '부평시장 상인번영회'는 지역 상인 156명의 서명을 받아 문화의 거리 지정을 위한 진정서를 부평구청에 제출했다.

보행전용거리를 만들자는 주장에 많은 사람이 동의했지만, 100여 개에 이르는 노점을 어떻게 할 것인가가 문제였다. 아무리 차 없는 거리를 만든다 해도 100여 개의 노점이 그 자리를 차지한다면 예전의 혼란이 재현될 것은 불 보듯 뻔했다. 거리를 점유하고 있는 노점상은 여기저기에 지저분한 적치물을 쌓아놓았다. 영업시간도 일정하지 않아 옆의 가게가 한참 영업하는 시간에 노점을 시퍼런 천막으로 두른 채 거리에 방치하기도 했다. 가게에서 영업을 하던 상인들은 거리 쇠퇴의 원인으로 노점을 주목했고 노점의 완전한 철수를 주장했다. 하지만 노점상은 사회적 약자로 여겨졌다. 그리고 노점이 완전히 사라진 거리가 매력적인 거리인가에 대해서도 사람마다 생각이 달랐다. 노점을 정비하려는 상인들의 시도에 노점상은 반발했다. 상인들은 노점을 거리 무질서의 주범으로 여겼지만, 물건을 가게 밖에 내놓아 길을 어지럽게 만드는 것은 상인들도 마찬가지였다. 상인과 노점상의 갈등은 커졌고, 곳곳에서 서로 간의 시비가 일었다. 구청을 향한 양측의 압력도 강해졌다. 정당한 임대료와 세금을 내고 장사하는 상인과, 사회적 약자로 힘들게 살아가고 있는 노점상. 이 둘 중 어느 한쪽만을 편들 수는 없었다. 상인과 노점상이 공존할 수 있는가가 부평 문화의 거리 조성의 최대 현안이 되었다.

상인들이 노점의 철수를 주장한 바탕에는 노점이 생계형이 아니라는 인식이 있었다. 노점 중에는 정오가 넘어서 장사를 시작하거나, 해가 지기 전에 일찍 문을 닫는 노점이 많았다. 오랫동안 가까이에서 이런 노점의 영업 행태를 지켜본 상인들의 눈에는 이들이 생계형 노점으로 보이지 않았다. 하지만 생계형 노점도 있었다. 이 둘을 구분해야 했다. 상인과 노점상은 부평구청과 협의체를 구성해 노점문제를 논의했다. 이 과정에서 상인들은 생계형 노점의 존재를 인정했고, 생계형 노점상의 입주에 합의했다. 그렇다면 생계형 노점과 기업형 노점을 어떻게 구분할 것인가라는 문제가 남는다. 구분의 기준으로 상인들이 제시한 것은 재산세 7만 원이었다. 당시 부평 지역 고급 아파트로 여겨졌던 동아아파트 43평형의 재산세가 7만 원대였다. 상인들의 제안에 부평구청은 재산세 20만원으로 수정·제안했다. 이는 생계형 노점상을 구분하는 기준으로 부적절했지만, 점차적으로 노점을 정비하는 것이 필요하다고 생각한 상인들은 재입점한 노점의 양도·매매 금지를 조건으로 구청의 제안을 받아들였다. 부평구청은 재산세 기준에 부평구민 여부, 기존의 영업 기간이라는 기준을 더해 최종적으로 재입점할 노점상 48개를 선정했다.

오랜 진통 끝에 입점할 노점상이 정해졌지만, 모두가 그 결과를 받아들인 것은 아니었다. 문제는 '부평구민 여부'와 '영업 기간'이라는 기준이었다. 재산세는 생계형 노점상을 기업형 노점상과 구분할 수 있는 기준이 됐지만, 다른 기준은 그렇지 않았다. 결과를 받아들이지 못한 노점들은 격렬한 투쟁을 벌였다. 노점상의 입장을 이해한

부평 문화의 거리 조성 전후 사진. © 부평문화의거리상인회

상인들은 탈락한 노점 중 생계형 노점으로 볼 수 있는 두 개 노점의 추가 입점을 구청에 제안했다. 구청은 반대했지만, 상인과 노점상이 별도의 합의를 하면서 최종적으로 두 개의 노점이 추가 입점하게 된다. 거리점용료, 판매상품 규제, 양도 및 매매 금지 등의 관리규약이 만들어졌다. 국내 최초로 행정과 노점 간의 거리점용계약이 체결됐다. 1997년 10월 1일, 드디어 공사가 시작됐다.[1]

서울시 보행조례가 만들어진 후, 전국적으로 각 도시의 핵심 상권을 중심으로 차 없는 거리가 많이 만들어졌다. 그중 부평 문화의 거리는 행정이 주도하지 않고, 그곳에서 장사를 하고 있는 상인들이 주도해 만들었다는 점에서 매우 드문 사례다. 문화의 거리 조성을 주도한 '부평시장 상인번영회' 회원들은 십시일반 돈을 모아 거리 중앙에 분수대를 만들기도 했다.

하지만 거리를 만들기만 한다고 사람들이 모여드는 것은 아니었다. 거리를 누가 관리할 것인가라는 문제가 떠올랐다. 상인들은 부

평구청에서 거리를 관리해야 한다고 생각했지만, 구청의 생각은 달랐다. 구청은 단지 지원할 뿐이고, 거리의 질서 유지와 관리는 상인들의 몫이라는 것이 구청의 입장이었다. 여기에는 노점상 문제가 걸려 있었다. 50개 점포의 재입점으로 노점 문제가 해결된 것처럼 보였지만, 노점은 애초에 계획한 것보다 넓은 공간을 차지하며 장사를 했다. 가게에서 파는 것과 비슷한 물건을 가게 앞 노점에서 팔기도 했다. 노점상과 상인의 갈등은 컸다. 구청은 이런 상황을 중재할 의지가 없었다.

상인들은 스스로 거리를 관리해나갔다. 우선 '부평시장 상인번영회'는 '부평문화의거리발전추진위원회'로 바뀌었다. 이름만 바뀐 것이 아니라 사람도 바뀌었다. '부평시장 상인번영회'는 문화의 거리 일대에 건물을 갖고 있는 건물주의 모임이었다. 그중에는 실제로 장사를 하는 상인도 있었지만 임대만 주는 사람도 있었고, 지역과는 멀리 떨어져 사는 사람도 있었다. 거리가 살아나기 위해서는 거리에서 실제로 영업을 하고 있는 세입자들이 함께해야 한다는 생각이 공유됐다. '부평시장 상인번영회'가 '부평문화의거리발전추진위원회'로 바뀌면서 초대 회장으로 세입자가 뽑혔다. 세입자들이 거리의 주체로 나서기 시작했다.

그들은 아침이면 거리 청소를 했고, 무대 위 공연을 직접 유치했고, 분수대를 관리했다. 문화의 거리가 만들어진 이후에도 상권이 회복되지 않자 시민단체와 함께 거리의 현 상황에 대한 진단을 내리는 조사와 워크숍을 진행해 상권 회복을 꾀하기도 했다.

노점 문제는 거리 조성 단계 이후 지속적으로 문화의 거리의 주요 현안이었다. 이를 적극적으로 해결해나간 것도 상인들이었다. 처음 문화의 거리를 조성할 때 부평구청은 노점상의 몫으로 거리 가운데에 고정식 가판대를 만들었다. 하지만 구청에서 만들어놓은 가판대는 햇빛으로부터 노점의 상품을 막아주지 못해 노점상들도 불만이었고, 영업이 끝난 후에는 그대로 방치될 수밖에 없어 상인들도 불만이었다. 이에 고정식 가판대는 이동식으로 바꾸고, 영업이 끝난 노점은 거리에 방치하지 않고 인근 주차장으로 이동하고, 부평구청은 주차장을 마련하기로 합의한다. 하지만 부평구청은 다른 지역 노점과의 형평성 등을 이유로 주차장 마련에 소극적이었다. 결국 주차장을 마련한 것도 상인들이었다.

그 후 영업을 마친 노점은 주차장으로 이동됐다. 하지만 시간이 지날수록 노점을 거리에 방치해놓는 경우가 잦아졌다. 저녁 7시, 보통의 상업거리라면 한창 사람들을 끌어모으며 영업을 해야 할 시간에, 영업을 끝낸 노점이 시퍼런 천막에 감긴 채 거리 가운데를 차지하고 있었다. 거리 전체가 죽은 느낌이었다. 약속 이행을 촉구하는 상인과 노점상 사이의 갈등은 또 커졌다. 그러던 어느 날, 상인들은 노점상을 도와 노점 수레를 이동해보았다. 수레는 상인들 생각보다 훨씬 무거웠다. 당시 노점상의 상당수는 나이가 많은 노인이었다. 그런 사람들에게 매일같이 노점을 인근 주차장으로 이동시키는 것은 큰일이었다. 상인들은 노점의 어려움을 알게 됐고, 건물주와 함께 돈을 모아 골프장에서 사용하는 것과 같은 작은 차를 마련해 노점의 이동을 도왔다. 처음에는 상인들이 도와줬지만, 점점 노점상 스스로 자동차를 운전했다. 그렇게 조금씩 상인과 노점상은 동반자

영업이 끝난 노점을 이동하는 노점상인.
© 부평문화의거리상인회

가 되어갔다.

무게가 가벼운 잡화 노점은 그나마 이동이 쉬웠다. 하지만 음식을 파는 노점은 한 번 옮기려면 너무 많은 작업이 필요했다. 해법으로 음식 노점을 거리 한쪽으로 모았다. 그렇게 노점이 정리가 되니 그동안 없던 공간이 생겼다. 상인들은 시민단체의 도움을 받아 새로 생긴 공간에 '한평공원'이라 불리는 작은 공원을 만들었다. 상인들이 주체가 되어 한평공원을 만드는 과정은 〈다큐멘터리 3일〉을 통해 전국에 방영됐다. 한평공원을 만드는 과정에 상인과 노점의 구분은 없었다. 한평공원이 완공되어 개장된 날, 거리에는 축제가 열렸는데, 그때 마련된 음식의 대부분은 노점상이 준비했다. 이날 상인과 노점상이 함께 만든 작은 공원에는 표지판이 하나 세워졌다. 표지판에는 상인과 노점상이 함께 만든 공간이라는 글귀가 쓰였다. 그리고 상인회 가입 자격이 노점상에도 주어졌다. 상인회의 중요 직책인 사무국장 자리가 노점상에게 돌아갔다. 그렇게 건물주들의 모임으로 시작된 상인회는 세입자, 노점상 모두가 함께하는 단체가 되었다.

2

상인들이 스스로 거리를 조성하고 가꾼 이유는 장사가 잘돼서 돈을 더 벌기 위함이었다. 하지만 상인들이 거리를 바라보는 시각은 단순히 '장사'에 머물지 않았다. 상인들은 자신의 가게가 위치한 거리가 사람들의 공간이 되기를 원했다. 몇몇 가게는 가게 출입구에 장애인이 쉽게 들어올 수 있도록 경사로를 만들었다. 시장 탐방 프로그램을 통해 지역의 아이들이 시장을 경험할 수 있게 했다. 자전거보관대를 만들어 자동차 없이도 올 수 있는 공간이 되려고 노력했다. 이런 상인들의 노력은 그들이 자리를 잡고 있는 거리를 뛰어넘었다.

2006년 12월 12일. 부평 문화의 거리에서 '카드가맹점 수수료 인하 운동 선포식'이 있었다. 이 선포식에는 부평 문화의 거리, 인천시 지하상가 연합회, 부평5동 문화의 거리 상인회, 부평1번가 상가인 연합회 등이 참석했다. 정치권에서는 민주노동당이 참여했다.

부평 문화의 거리 상인들은 자신의 거리만 활성화되는 것으로 상인들의 생활이 나아질 수 없다는 것을 느꼈다. 그들은 부평 문화의 거리만이 아닌, 사회 구조적으로 전통시장과 소상인들에게 불공정한 구조를 고쳐야 한다고 생각했다. 그 출발이 바로 이날의 '카드가맹점 수수료 인하 운동 선포식'이었다. 당시 신용카드 수수료율은

사람 중심의 거리를 만들기 위한 상인들의 노력은 가게 앞에 휠체어·유아차용 경사로를 만드는 것으로 이어졌다.

골프장은 1.5퍼센트, 대형유통업체는 2퍼센트대였지만 중소상인들이 운영하는 업종은 3~5퍼센트로 훨씬 높았다. 대형유통업체는 카드사가 수수료율을 인상하려 하면 해당 카드 사용 중지 등으로 맞섰고, 그 결과 저율의 카드 수수료율을 따냈다. 하지만 개별화되어 있는 중소상인들은 하나의 목소리를 내지 못하고 고율의 카드 수수료율을 고스란히 적용받고 있었다. 문화의 거리 상인을 중심으로 한 부평의 상인들은 그들의 영업상의 어려움을 해결하기 위해 부평 지역 안에서의 움직임만을 선택한 것이 아니라 카드 수수료율 인하라는 소상인 전체의 이익을 위한 활동에 주목했고, 행동했다.

이러한 움직임은 곧바로 전국으로 퍼졌다. 2007년 2월 27일 '신용카드 가맹점 수수료 인하 촉구 자영업자 대회'가 열렸다. 이 대회에는 한국음식업중앙회, 대한미용사중앙회, 한국서점조합연합회, 한국귀금속판매업중앙회, 한국주유소협회, 대한안경사협회 등 다양한 직종의 모임들이 함께했다. 상인들이 이렇게 직종을 넘어 한목소리를 낸 것은 처음이었다. 상인운동의 시작이었다.

그동안 노동자, 농민, 여성, 장애인 등은 사회적 약자로서 자신들의 권리를 찾기 위한 운동을 활발히 해왔다. 그 운동의 결과는 그들의 이익뿐 아니라 우리 사회의 민주화에도 많은 공헌을 했다. 그러나 상인들은 자신의 이익을 위해 뭉쳐본 경험이 없었으며, 따라서 상인운동이라는 말도 없었다. 그동안 상인은 우리사회에서 중산층 이상의 지위를 차지하고 있었다. 하지만 새로운 사회를 여는 연구원의 2008년 자료에 따르면, 600만 자영업자 중 최저임금 미만의 소득자가 약 155만 명이고, 도시가구 월 평균 소득의 90퍼센트 이상이라는 중산층의 기준에서 본다면, 전체 상인의 18.3퍼센트인 110만 명 정도만이 중산층에 근접했다. 490만 명은 중산층과는 거리가 먼 상황이며 임금노동자보다도 열악한 처지가 되었다.[2]

보수적 성향에다가 개별화되어 있던 상인들은 자신들의 권리를 찾기 위해 움직이고 있다. 카드 수수료 인하 운동, 대형마트 입점 저지 운동, 프랜차이즈 본사의 갑질을 막기 위한 운동을 벌였다. 이런 상인운동의 씨앗이 부평 문화의 거리에서 움텄다. 그곳은 자신의 거리를 사람 중심의 거리로 만들려 했던, 거리의 구성원인 건물주, 세입자, 노점상과 함께 거리를 가꿔가던 상인들이 존재한 곳이었다.

대형마트 규제를 위한 소상인들의 모임도 부평 지역에서 출발했다. 2007년 12월 5일 '대형마트규제와 시장활성화를 위한 부평 상인 대책 협의회(이하 부평상대협)'가 발족했다. 이 모임에는 부평종합시장상인회, 진흥종합시장, 부평문화의거리상인회, 전국노점상연합회부평지회, 부평지하상가 소속 상인 등이 참석했다. 당시 부평상대협 이상복 운영위원장은 "카드 수수료율 인하 운동을 전개하면서 상인들이 모이면 된다는 사실을 배웠다"라며 "상인들의 권리는 상인들이 나서서 찾아야 한다"라고 말했다. 부평상대협은 대형마트 규제를 위한 법안을 제정하고 재래시장의 경쟁력을 확보하기 위해 공동의 행사, 마케팅 등을 할 계획이라고 밝혔다.[3]

2007년 12월 21일, 부평 롯데마트 삼산점 앞에서 부평상대협은 부평 지역에서만 세 개의 대형마트와 한 개의 백화점을 운영하고 있는 롯데를 규탄하는 기자회견을 열었다. 이날 기자회견에서 앞으로의 운동은 부평, 인천 지역에서만 머물지 않고 전국의 재래시장과의

연대를 통해 영업시간 규제, 취급 품목 제한 등 대기업 유통자본에 대한 제재 수단을 마련하는 운동을 펼칠 것을 천명했다.[4]

2008년 1월 25일, 부평 문화의 거리에서는 '대형마트 규제와 중소상인 육성을 위한 인천지역 대책위원회' 출범식이 열렸다. 부평상대협의 활동이 인천 지역으로 확대된 것이다. 여기에는 상인들뿐만 아니라 지역의 시민단체와 민주노동당도 함께했다. 이제 상인들의 목소리는 상인들만 내는 것이 아닌, 지역이 함께하는 양상으로 변모했다.

2008년 3월 11일 '대형마트 규제와 중소상인 육성을 위한 인천지역 대책위원회'는 국회에서 대형마트 규제 입법을 촉구하는 기자회견을 가졌다. 대형마트를 규제하고 재래시장을 살려야 한다는 것은 정치권에서 이미 공유된 의견이었음에도 실질적 입법 과정에서는 미적거리고 있는 정치권을 겨냥한 기자회견이었다. 김화동 부평상대협 공동대표는 기자회견문을 통해 "개별적인 중소상인의 힘은 미약할지라도 전국 240만 사장님들과 400만 종사자들이 직접 나서고 함께 힘을 모은다면 충분히 재래시장과 동네 상가를 살리고 지역 민생경제를 살릴 수 있다"라며 전국대책위 결성을 추진할 것을 밝혔다.[5]

2009년 5월 19일 '중소상인살리기 전국네트워크(준)'가 구성됐다. 이들은 기자회견을 통해 중소상인 살리기 3대 요구안(대형마트와 SSM$^{Super SuperMarket}$에 대한 합리적 규제, 신용카드 가맹점 수수료 인하, 폐업 중소상인 실업안전망 구축)을 발표하고, 정부와 국회에 관련 대책을 촉구했다. 이 모임에는 전국지하도상가상인연합회, 한국슈퍼마

자신들의 거리를 살리려 했던 상인들의 노력은 중소상인의 구조적 불공정을 해소하는 데로 나아갔다. ⓒ 부평 문화의 거리 상인회

켓협동조합연합회 등 전국 단위의 상인 모임과, 대형마트 규제와 소상공인 살리기 인천 대책 위원회의 33개 단체, 소상공인살리기 대전운동본부준비위원회 35개 단체, 충북민생경제살리기운동 21개 단체, 경실련지역협의회과 참여자치지역운동연대 48개 단체 등 지역의 소상인들을 살리기 위한 운동을 하고 있는 모임들이 대거 참여했다.

2009년 7월 20일에는 최초로 지역 중소상인들에 의해 기업형 슈퍼마켓의 입점이 저지당하는 사건이 있었다. 인천시 연수구 옥련동에 홈플러스 익스프레스 157호점의 개장이 연기된 것이다. 홈플러스는 21일 문을 열 예정이었던 옥련동 지점을 지역 업계와 상생할 수 있는 방안을 찾을 때까지 열지 않겠다고 밝혔다. 이는 중소기업청의 '일시사업정지권고'를 피하기 위한 수단이었다. 중소기업청은 중소기업의 제안을 받아 대기업의 영업이 중소기업에 심각한 타격을 줄 수 있는 경우 이를 조정할 수 있는 사업조정신청제도를 갖고 있다. 그동안 이 제도는 주로 제조업에 적용되어왔다. 하지만 대자본의 유통망이 골목으로까지 확대되면서 유통업으로는 최초로 인천시 옥련동의 홈플러스에 사업조정신청이 접수된 것이다. 중소기업청은 21일 일시사업정지권고를 할 예정이었고 홈플러스는 일시사업정지권고가 몰고 올 파장을 우려해 하루 전인 20일 자진해 개장을 연기했으며 그 대신 일시사업정지권고를 내리지 말아달라고 요청했다.[6]

지역의 소상인들이 힘을 합쳐 대기업의 SSM 입점을 막아냈다는 소식은 전국으로 퍼졌으며 전국적으로 입점 예정인 SSM에 대한 사업조정신청이 쏟아졌다.

2009년 8월 18일, 전국소상공인단체연합회가 만들어졌다. 이 단체에는 한국슈퍼마켓협동조합연합회, 전국상인연합회, 대한제과협회, 한국의류판매업협동조합 등 24개 소상공인단체가 가입되었다. 전국적인 소상공인 단체가 탄생한 것이다. 대기업들의 골목상권 침투에 대응하고 소상공인들의 목소리를 내기 위한 단체다.

상인들은 대기업과 중소상공인의 상생을 위한 유통산업발전법과 상생법을 관철시켰다. 이후 상인들은 목소리를 모아 남양유업 사태 등에 대응하는 식품업체 대리점 권리 찾기 운동, 편의점 등 프랜차이즈 업종 가맹점 권리 찾기 운동을 통해 중소상인들의 권리를 찾기 위한 노력을 계속하고 있다. 위의 활동에 뿌리를 둔 한상총련(한국

중소상인 자영업자 총연합회)은 상인 조직 중에는 거의 유일하게 최저 임금 인상에 찬성하는 등 공존의 정신을 이어가고 있다.

부평 문화의 거리에서 싹튼 상인운동. 그들의 움직임은 자신의 생존을 위한 것이겠지만, 이런 운동은 결국 우리 도시를 더욱 민주적이고 건강하게 만들 것이다. 가게가 사라진 도시를 상상할 수나 있을까? 획일화된 가게가 거리를, 우리 동네를 채운다면 얼마나 재미가 없을까? 소상인들의 차별을 없애고 공정한 경쟁의 자리를 만드는 일은 '경제민주화'를 위한 일만이 아닌, 우리 도시의 생태계를 건강하게 만드는 일이 될 것이다.

근대건축물,
철거에서 보존과 활용으로

1

도시는 하루아침에 이루어지지 않는다. 오랜 시간 많은 사람의 행위가 쌓여 지금의 모습이 만들어진다. 사람들의 행위, 삶은 도시 곳곳에 흔적을 남긴다. 우리는 그 흔적을 어떻게 다뤘을까?

기억이나 흔적 따위는 중요하게 생각하지 않던 우리는 기존의 집과 길을 싹 밀어버렸다. '전면철거 재개발.' 이것이 우리가 도시를 개선하는 거의 유일한 방법이었다. 상업지역의 젠트리피케이션이 일어나기 훨씬 전, 우리 도시 곳곳에는 이런 식의 주거지 젠트리피케이션이 있었다. 많은 사람은 자신의 집을 잃었고, 새로운 사람들이 그 공간을 차지했다. 도시가 하도 빨리 변하다 보니 도시 속에서 자신이 살았던 흔적을 찾기가 점점 어려워지고 있다. 그런 면에서 난 운이 좋은 편이다. 내가 태어난 집은 아직 철거되지 않고 남아 있다.

내가 태어난 인천시 동구 송림동의 작은 도시형 한옥은 부모님이 결혼 후 처음 장만한 집이었다. 간판 가게를 하던 아버지는 연안 부두에 횟집이 많이 생기면서 간판과 수족관을 만들어 돈을 버셨고, 내가 태어난 집이 생겼다. 난 그 집에서 엄마와 옆집 아줌마들의 손을 오가며 자랐다. 다섯 살 때 그 집을 떠나면서 송림동 집에 대한 나의 기억은 사진 속의 기억이 되었지만, 왜 그런지 그 동네는 아련한 느낌으로 남아 있다. 4년 전 여름, 아버지의 건강이 많이 안 좋아졌을 때, 난 그 집에 가보고 싶어졌다. 엄마와 아버지, 아내와 아들을 차에 태우고 송림동으로 갔다. 내 옆자리에 앉아 방향을 이끌던 엄마는 깜짝 놀라며 소리쳤다. "어머! 저 집이다!" 하지만 내게는 낯설었다.

자세히 보니 계단에 마름모 모양의 무늬가 있었다. 사진에서 봤던 무늬다. 난 저 계단에서 아버지에게 안긴 채 사진을 찍었다. 그 시절 많은 아버지가 그렇듯, 우리 아버지도 그리 살가운 아버지는 아니었다. 그런데 갑자기 친한 척 나와 누나를 안고 사진을 찍었으니, 남매의 표정은 놀란 것 같기도 하고, 겁먹은 것 같기도 하다. 그 사진 속 계단에 마름모가 있었다. 어깨를 맞대고 있는 집들은 이미 철거되어 다른 건물이 들어섰는데, 용케도 그 집만 살아남았다. 계단에 앉아 엄마와 아내, 그리고 아들과 함께 사진을 찍었다. 거동이 불편하던 아버지는 그 집을 보셨지만 차에서 내리지 않으셨다. 그리고 두 달 후 아버지가 돌아가셨다. 3년이 지나, 송림동이 재개발로 철거된다는 소식이 들렸다. 가슴이 철렁했다. 알아보니 내가 태어난 집 길 건너 마을이었다. 그 집은 또 살아남았다. 일단은.

내가 태어난 집은 용케도 살아남았다.

40여 년 동안 한 번 찾아가보지도 않았으면서, 그 속에서 살고 있는 사람들이 어떤 사연을 가지고 살아가는지 알지도 못하면서 그 집은 철거되지 않는다는 소식에 안도감이 들었던 것은 왜일까? 내가 그런 감정을 가져도 되는 것일까?

2018년 가을, 인천 학익동의 3층짜리 집에서는 〈그 집: proper farewell〉이라는 전시가 열렸다. 재개발로 철거될 예정인 '그 집'은 이 전시를 기획한 임청하 작가의 할머니가 살던 집이자 작가가 유년 시절을 보낸 장소다. 어렸을 적 추억이 있는 집이지만, 잦은 이사와 오랜 유학 생활로 이 집에 대한 특별한 감정은 없었다. 하지만 막상 철거를 앞두자 그 집이 눈에 들어왔다. 집 안 곳곳을 살피며 자신이 지냈던 어린 시절, 이곳에서의 가족들의 삶, 몇 년 전 돌아가신 할아버지의 흔적과 마주하게 되었다. 그는 집과 작별하는 시간을 갖고 싶었고, 좀 더 나은 작별을 위해 비슷한 경험과 생각이 있는 다른 작가들과 함께 이 전시를 기획했다.

오랫동안 집에서 떨어져 지냈던 임청하 작가가 애틋한 작별 의식을 치르는 것과 달리, 정작 수십 년을 이 집에 살았던 할머니는 '새집으로 가면 좋지'라며 별로 아쉬워하지 않으셨다. 할머니의 마음을 전하는 작가의 표정에는 약간의 의아함이 묻어 있었지만, 난 그럴 줄 알았다는 표정을 지어 보였다. 모두가 오래된 것에 대해 애틋함을 갖고 있는 것은 아니니까. 지긋지긋할 수도 있고, 새것이 더 좋기도 하니까. 그렇게 사라지는 것을 바라보는 태도는 다르다.

철거될 집과의 작별 의식. (그 집: proper farewell)

전시가 끝난 후 만난 임청하 작가는 전시 후기라며 집이 철거되던 날의 할머니 이야기를 들려주었다. 굴착기가 집을 부수는 광경을 지켜보신 할머니는 펑펑 우셨다고. 그동안 아쉬운 마음을 애써 숨기고 계셨던 것 같다고. 작가 자신도 슬픈 마음이 많이 들었지만, 좋은 이별 의식을 치러서 그나마 다행이었다고. 삶의 흔적이 쌓여 있는 건물은 철거되고, 새로운 삶이 쌓인다. 아무런 아쉬움 없이 철거되거나, 한바탕 울음으로 아쉬움을 달래거나, 이별 의식을 치르거나. 아니면 남아 있거나.

2017년 6월 2일, 한 남자가 철거 중인 공장 건물 잔해 위에 올라섰다. 그는 맨몸으로 인천 중구청이 고용한 굴착기에 맞서며 건물의 철거를 가로막고 있었다. 그는 공장 주인도 아니고, 한때 공장 주인이었던 것도 아니고, 공장 주인의 손자도 아니고, 공장에서 일했던 것도 아니고, 공장과 아무런 관계도 맺지 않고 살아왔던 시민이었다. 그런데 그는 왜 위험한 철거 현장에 나타났을까?

2

어떤 건물은 한 개인의 삶을 들여다보게 하지만, 어떤 건물은 도시의 역사를 보여준다. 한 시민이 굴착기에 맞서 철거를 가로막았던 건물도 그랬다. 그 건물은 1930년대 이전에 지어진 것으로 확인된 애경사 건물이다. 일제강점기에 지어져 비누를 만들던 공장은 2017년까지 용케도 살아남았다.

애경사 건물 인근에는 동화마을이 있다. 일제강점기 때 지어진 건물부터 1980년대 지어진 건물까지, 세월의 다양한 층위를 담고 있는 이 마을은 2014년 동화마을이라는 새로운 이름을 얻었다. 나즈막한 오래된 주택의 담벼락에는 피노키오와 백설공주, 미녀와 야수, 헨델과 그레텔, 흥부와 놀부가 그려졌다. 인천시 중구청은 동화마을 조성 목적을 "동화를 테마로 한 벽화, 조형물을 설치해 도시경관을 정비하고, 쾌적한 주거환경을 마련하고, 보행공간 정비, 꽃길 조성을 통해 살고 싶은 마을로 조성하고자"[1] 한다고 밝혔지만, 애초에 거주민들의 '주거환경 개선'과 '동화마을 조성'은 어울리지 않는 그림이었다. 동화마을은 많은 언론에 소개되며 유명세를 탔고, 관광객이 몰려들었다. 그렇게 오래된 주거지는 관광지가 됐다.

동화마을에 많은 관광객이 찾아오자, 주차 공간이 모자랐다. 중구청은 대중교통을 확충하여 차량의 수를 줄일 생각을 하기보다는

관광객은 오래된 마을을 보기 위해 모여들었다. 그들이 이용할 주차장을 만들기 위해
오래된 공장은 철거됐다.

주차장을 더 넓히는 것에 관심이 있었다. 일부 주민들도 그러했다.
2017년 5월 30일, 인천시 중구청은 동화마을을 찾아오는 관광객을
위한 주차장을 만들기 위해 80여 년 된 애경사 건물을 허물었다.

하지만 그 건물은 102대의 주차면수를 확보하기 위해 허물어버
릴 만한 건물이 아니었다. 근대도시 인천이 탄생하는 과정에서 많은
공장이 세워졌고, 그 공장에서 일하기 위해 전국에서 사람들이 몰려
와 도시가 형성됐다. 시민들의 생활 공간 근처에, 많은 사람이 찾아
오는 관광지에 이런 이야기를 담고 있는 건물은 흔치 않다. 도심에
있는 오래된 공장 건물 자체가 귀한 자원이었고, 또 애경사 건물은
동화마을을 비롯한 인근 지역의 형성과 밀접한 관련을 맺고 있는,
그 지역 사람들 삶의 역사를 말해줄 수 있는 건물이었다.

애초에 동화마을이 이 지역에 만들어질 수 있었던 이유는 오래된
낮은 건물이 밀집해 있었기 때문이다. 동화마을 바로 인근에는 차이

나타운, 개항장의 오래된 건물들이 긴 세월을 담은 채 방문객을 기다리고 있었다. 그리고 인천 중구청이 주차장 조성을 위해 근대건축물인 애경사 건물을 철거하기 3일 전, 인천시와 인천시 중구는 근대건축물을 이용해 '인천 개항장 문화재 야행'이라는 축제를 열었다. 이틀 동안 7만 5,000여 명의 관람객이 근대도시의 정취를 느끼기 위해 개항장 일대를 찾았다. 그리고 3일 후, 근대건축물을 보러 오는 사람들에게 주차장이 필요하다는 이유로 근대건축물을 철거했다. 근대건축물은 돈벌이를 위해 이용되거나 철거됐다.

사실 나는 인천 중구청이 이 건물을 부수고 주차장을 만들려 한다는 이야기를 철거 6일 전에 들었다. 하지만 그 말을 믿지 않았다. 아무리 이상한 지자체라 하더라도, 근대건축물이 밀집한 지역에, 그 근대건축물이 만들어내는 경관으로 먹고사는 구에서, 민간이 오래된 건물을 철거하는 것을 막지 못할 수는 있어도, 구청이 나서서 멀쩡히 살아 있는 근대건축물을 부숴서 주차장을 만든다는 말을 믿을 수 있겠는가? 중구청의 주차장 조성 계획을 알려준 사람에게 내가 처음 했던 말은 "오해겠지요. 설마요"였다. 하지만 난 인천 중구청을 몰라도 너무 몰랐다. 나중에 알게 된 사실이지만, 이미 인천 중구청은 애경사 건물을 철거하기 5년 전, 주차장을 만들기 위해 1939년에 지어진 아사히양조 별관을 철거했고, 2년 전 같은 이유로 1941년에 지어진 동방극장을 허물었다. 그때도 오래된 건물의 철거를 안타까워하는 사람들이 있었지만, 시민사회에서 크게 문제를 제기하지는 않았다. 하지만 이번에는 달랐다. 애경사 철거 후 주차장 조성 계획이 알려지자 20여 개 시민사회단체는 5월 29일 애경사 철거 계획을 중단하고, 인천의 근대산업유산 보존을 위한 목록 조사 작업에 나설 것을 촉구하는 성명서를 발표했다. 그리고 그다음 날, 여론에 밀려 주차장을 못 만들까 봐 걱정이 됐는지, 인천 중구청은 서둘러 애경사 철거를 감행했다. 애경사 철거가 시작됐다는 소식이 시민들에게 알려졌고, 많은 시민의 항의와 대처가 이어지면서 인천시의 권고로 일단 철거가 중단된다. 하루 뒤, 시민사회단체는 중구청의 상습적인 근대건축물 파괴 행위를 규탄하는 기자회견을 열었다. 남은 건축물 부분만이라도 활용하자는 이야기가 돌고 있던 6월 2일 이른 아침, 인천 중구청은 남은 건물의 철거를 강행했다. 그 소식을 듣고 달려간 한 시민이 철거를 막기 위해 철거 중인 공장 건물 위로 올라간 것이다. 부구청장과 중부서 정보관 등의 회유와 철거 중지 약속을 받고 2시간여 만에 시민은 건물에서 내려왔다. 그리고 그날 남은 건물은 모두 철거됐다.

이후 주차장을 조성한다고 근대건축물을 허문 인천 중구청에 대한 비난이 쏟아졌다. 언론사의 취재가 잇따랐고 관련된 칼럼이 각종 언론 매체에 실렸다. 인천 중구청은 해당 건물이 그리 중요한 건물이 아님을 강조했다. 등록문화재가 아니고, 관리가 안 된 상태로 버려져 있었고, 그리 가치 있는 건물이 아니라는 말이었다. 하지만 인천 중구청이 철거의 이유를 찾고 있을 때, 이미 눈 밝은 시민들은 등록문화재도 아닌, 관리가 안 된 상태로 버려져 있는, 뛰어난 예술적 가치가 있지도 않은 건물을 알아봤고, 그 건물을 고쳐 시민들의 사랑을 받는 공간을 만들어냈다.

철거된 애경사 건물과 1킬로미터 떨어진 인천 중구 개항로에 위치한 아카이브카페 빙고는 1920년대에 지어진 것으로 추정되는 건물을 리모델링한 카페다. 12.5평 남짓한 이 건물은 얼음 창고로 사용하기 위해 지어졌으나, 1960년대 후반 얼음 창고로서의 기능을 다한 후에는 유리, 교과서 등을 보관하는 창고로 사용되었다. 그러다가 한 젊은 건축가가 발견하기 전까지 이 건물은 10여 년 가까이 쓰레기가 쌓인 채 방치되어 있었다. 건축재생공방의 이의중 건축가는 이 건물의 가치를 알아보았다. 그는 이 건물의 원형을 최대한 보존하면서 감각 있는 디자인을 더해 카페 겸 건축사무실로 바꾸었다. 덕분에 시민들은 사라질 뻔한 옛 얼음 창고에서 커피 한 잔과 작은 공연을 즐길 수 있다.

인근에 위치한 상우재는 100여 년 된 건물을 리모델링해 만든 게스트하우스다. 일본식, 미국식, 한국식이 혼합된 독특한 양식의 이 건물은 한 자동차 엔진 개발 연구원 출신 부부가 발견하기 전까지 건물에는 쓰레기와 잡동사니가 쌓여 있었다. 이 부부는 건물의 가치를 알아봤고, 원형을 최대한 보존하면서 자신들의 주택 겸 게스트하우스로 바꾸었다. 그 덕분에 살아남은 오래된 건물에서 시민들은 하룻밤을 묵거나 작은 전시를 할 수 있다.

1930년대에 지어진 애경사 건물은 주차장으로 조성되기 전에 고물상의 고물이 쌓여 있었다. 인천 중구청이 발견한 덕분에 그 건물은 헐려 자동차 100여 대 주차가 가능한 주차장으로 바뀌었다. 우리 주변에는 문화재로 등록되지 않은 오래된 건물이 무수히 많다. 그

오랫동안 방치되었던 작은 창고는 한 건축가의 손에 의해 멋진 장소로 바뀌었다. ⓒ 이의중

모든 건물 하나하나가 뛰어난 문화재급 가치가 없어서 허물어도 된다면, 우리 도시의 세월을 담은 건축물 가운데 살아남을 것은 별로 없다.

건물 하나하나가 그리 훌륭한 건축물이 아니어도, 건물들이 좁은 지역에 모여 있다면 상황은 또 달라진다. 2000년대 초반, 서울의 북촌과 원서동을 중심으로 빌라 열풍이 불었다. 한옥이 철거되는 자리에 4~5층짜리 빌라가 들어섰다. 시민사회, 학계, 서울시 공무원이 합심하여 한옥 살리기 운동을 벌였다. 당시의 논란 중 하나는 '북촌의 한옥이 보존할 가치가 있는 것이냐?'였다. 당시만 해도 보존 대상이 되었던 것은 대부분 조선시대에 지어진 으리으리한 한옥이었다. 이런 한옥은 문화재가 됐다. 반면 북촌의 집은 일제강점기에 집장사들이 지은 한옥이 대부분이었다. 지금의 아파트처럼, 당시 집장사들은 규격화된 한옥을 지어 분양했다. 이들 한옥은 문화재급 한옥에 비해 연수도 얼마 안 됐고, 규모도 작았고, 예술적 가치가 뛰어나

북촌의 도시형 한옥. 이곳의 집 하나하나는 그리 훌륭한 한옥이 아니다. 그들이 모여 지금의 경관을 만들었다.

지도 않았다. 그렇게 건물 하나하나는 초라했다.

하지만 그런 작은 한옥들이 모여 지금 우리가 알고 있는 북촌 한옥마을을 구성하고 있다. 모여 있으면 가치는 배가된다. 사람들은 한옥이 모여 있는 마을의 가치를 보았다. 북촌 가꾸기 운동과 함께 각종 지원책과 규제가 만들어지면서 빌라 열풍은 사그라들었고, 북촌의 한옥은 살아남았다. 그렇게 1900년대 초반 서울의 주거지 모습을 간직하고 있는 거의 유일한 마을은 서울시민들에게 사랑받는 공간이 됐다. 20여 년이 지나 똑같은 논란이 인천 개항장에서 일었다. 인천 개항장에도 1900년대 초반에 지어진 건물들이 다수 존재한다. 일본식 주택, 중국식 주택, 서양식 주택, 도시형 한옥, 서양식 은행과 우체국, 사교장, 창고, 사무실, 공장, 종교시설 등이 모여 있다. 멋진 건물도 있지만 그렇지 않은 건물도 있다. 철거된 옛 애경사 건물은 그리 멋진 건물이 아니지만, 이를 포함한 많은 건물이 한 마을에 모여 만들어낸 경관은 일부러 만들 수 없는, 어디에서도 볼 수 없는 모습이다. 만약 20여 년 전 북촌에 빌라 열풍이 불었을 때, 볼품없는 도시형 한옥을 좀 부수면 어떠냐고 했다면 지금의 북촌 한옥마을은 존재하지 않았을 것이다. 인천 중구청은 무슨 일을 했던 것일까?

4

오래되고 낮은 건물은 독특한 경관을 만들어낸다. 그리고 그 도시를 살아간 사람들의 오랜 역사와 삶의 켜를 고스란히 담아내고 있어 새로 지은 고층아파트와 높은 상가 건물로 획일화되고 색깔을 잃어가는 도시의 소중한 자원이 된다. 오래된 건물을 도시에 남겨두는 것은 가치 있는 일로 생각되지만, 그 건물의 경제적 가치는 인정받지 못했다. 철거의 대상이 됐고, 그렇게 100년 안팎의 건물들은 수없이 사라졌다.

조선시대와 그 이전에 지어진 건물들은 문화재로 지정되어 보호를 받지만, 그 이후에 지어진 건물은 그렇지 못했다. 근대건축물을 연이어 철거하자 문화재청은 무분별한 철거를 막기 위해 2001년에 등록문화재 제도를 만들었다. 등록문화재 제도가 만들어지는 계기를 만든 것은 목포시민들이었다. 지금 '목포근대역사관 2관'으로 활용 중인 동양척식주식회사 목포지점은 철거 직전에 목포시민들에 의해 보존되었다. 1920년경 건축되어 해방 전까지 동양척식주식회

목포근대역사관 1, 2관으로 사용 중인 두 건물. 왼쪽 건물처럼 외관이 화려한 건물은 문화재로 지정되어 있었으나 오른쪽 건물처럼 평범한 외관의 건물은 보존의 사각지대에 있었다. 오른쪽 건물이 옛 동양척식주식회사 목포지점이다.

사가 있었고, 해방 후에는 오랫동안 대한민국 해군이 사용한 건물이었다. 1999년 해군이 철수한 후 10여 년간 방치되던 이 건물의 철거 결정이 내려진다. 목포시민들은 우리나라에서 가장 오래된 동양척식주식회사 건물로서, 그리고 해방 이후 해군이 주둔한 건물로서 보존 가치가 있다고 생각했다. 시민들은 몸으로 철거를 막았다. 목포의 시민단체, 목포문화원, 목포대학교 사학과와 건축가 등이 힘을 합쳐 철거를 중단하고 문화재로서의 가치를 판단하게 해달라고 요구했고, 철거는 중단됐다. 아쉽게도 그 과정에서 건물과 함께 있던 해군의 부속건물들이 철거됐다. 그리고 건물은 전라남도 기념물 제174호로 지정됐다.

이 과정에서 가치 있는 근대건축물의 보존을 위한 제도가 미비함이 드러났다. 또, 국가나 지자체뿐만 아니라 시민들의 요구에 의해 문화재로 지정되는 길을 열어둘 필요성이 있다는 공감대가 생겼다.

동양척식주식회사 목포지점 보존운동이 계기가 되어 2년 후 등록문화재 제도가 만들어졌다.[2]

등록문화재 제도에 따르면 건축주나 지자체 등이 50년 이상 된 건물을 등록문화재로 신청할 수 있다. 등록문화재로 등록이 되면 건축주는 세금과 건물 수리비의 일부를 지원받는다. 하지만 이 정도의 지원은 건물을 철거하고 높은 건물을 지었을 때 얻을 수 있는 경제적 이득에 비해 낮은 경우가 많았다.

2005년 12월 서울에 유일하게 남아 있던 극장 근대건축물인 스카라극장이 철거됐다. 아이러니하게도 이 극장의 철거를 앞당긴 것은 등록문화재 제도였다. 문화재청은 스카라극장을 등록문화재로 등록할 것을 예고했고, 재산상의 불이익을 우려한 건물주는 등록예고 기간에 극장을 철거했다. 이는 스카라극장만의 일은 아니었다. 스카라극장이 철거되던 당시 등록문화재로 지정된 건물이 228개였는데, 무려 191개의 근대건축물이 등록예고 기간에 훼손·철거됐다. 등록문화재 제도는 그동안 사각지대에 있던 근대건축물을 보존하는 데 일정 부분 역할을 했지만, 그것만으로는 충분하지 않았다. 그리고 지금도 등록문화재로 지정되지 않은 근대건축물이 수두룩하다. 모든 근대건축물을 등록문화재로 지정할 수도 없고, 그것이 바람직한 것도 아니다. 근대건축물이 살아남으려면 제도의 개선과 함께 건물에 대한 인식이 바뀌어야 하고, 건물을 지키고 활용하는 것이 소유주의 이득으로(경제적이든 다른 방식이든) 이어져야 한다.

최근 들어서는 근대건축물의 가치를 알아보는 사람들이 늘어나면서 근대건축물을 활용하는 사례가 늘고 있다. 많은 건물이 리모델링을 거쳐 카페로, 공방으로, 박물관으로, 특색 있는 주거공간으로 되살아났다. 인천 중구에는 역사문화거리가 조성됐고, 대구 중구의 '근대골목투어'는 '아시아 도시 경관상'을 비롯한 많은 상을 받았으며, 군산의 개항장은 유명한 관광지가 됐다. 하지만 여전히 오래된 건물들은 그 건축물의 가치를 알아보는 사람과 그렇지 않은 사람에 의해 운명이 갈렸다.

앞서 말한대로 인천 중구청은 2012년과 2015년, 2016년에 각각 아사히양조별관, 동방극장, 애경사 등 의미 있는 근대건축물을 주차장 조성을 위해 철거했다. 창원시 마산합포구 장군동에는 1909년에 지어진 양주장 '삼광청주'가 철거되고 다가구 주택이 생겼다. 대전역 뒤편에 있는 100여 년 된 철도관사마을 40여 채의 건물 중 상당수가 2018년 도로 공사를 이유로 철거됐고, 삼성 4구역 재개발로 철거될 운명이다. 이런 사례는 얼마든지 찾을 수 있다.

2019년 논란이 된 손혜원 의원 사태로 목포의 오래된 건물이 관심을 받고 있다. 한쪽은 건물을 지키기 위해 건물을 샀다고 하고, 한쪽은 투기를 위해 건물을 샀다고 한다. 놀라운 일은 양쪽의 주장 모두 오래된 건물을 허물지 않는 것이 가치(경제적 가치든 뭐든) 있는 일이라는 데 동의하고 있다는 점이다. 참으로 놀라운 변화다. 철거 대상으로만 보았던 오래된 건물에 대한 우리 사회의 인식이 달라진 걸까? 아직도 사람들의 관심을 받지 못하고 방치되어 있거나 철거 위기에 있는 근대건축물은 전국 곳곳에 남아 있다.

5

도시는 하루아침에 이루어지지 않는다. 도시는 오랜 시간 많은 사람의 행위가 쌓여 고유의 모습을 갖춘다. 사람들의 행위, 삶은 도시 곳곳에 흔적을 남긴다. 그 흔적은 건축물로, 경관으로 남아 있다. 우리 도시는 건축물에 담겨 있는 삶의 모습의 가치를 평가하는 데 인색했다. 하지만 점점 그 가치를 알아보는 사람들이 늘어나고 있고, 거기에 맞춰 제도가 만들어지고 있다.

하지만 여전히 행정에 의해 근대건축물이 철거되는 현실도 존재한다. 2017년 6월, 한 인천시민은 철거되는 근대건축물 잔해 위에 올라섰고, 많은 시민이 분노했다. 시민들은 재발 방지와 남은 근대건축물의 체계적인 관리를 요구했다. 논의 끝에 인천시는 근대문화유산의 관리를 포함한 '인천시 문화유산 중장기 5개년 종합발전계획'을 수립하기로 했다. 그 계획은 제대로 만들어질까? 제대로 실현될까? 시민들의 움직임은 또 하나의 변화를 만들어낼 수 있을까? 우리는 이미 오래된 도시를 지켜낸 경험이 있다.

07

장소성을
지키다

1

도시는 비슷했다. 어디를 가나 비슷한 거리에, 비슷한 건물에, 비슷한 가게가 있다. 이런 도시에서 그 공간만의 독특한 분위기를 내는 곳은 사람들의 사랑을 받는다. 서울의 경우 홍대가, 성수동이, 익선동이 그렇다. 최근에는 특색 있는 거리가 많이 생겨 주목도가 떨어졌지만, 인사동은 아직도 서울의 보물 같은 장소다. 작고 낮은 건물들이 옹기종기 모여 있고, 그 건물들 사이로 난 좁은 골목길은 서울의 다른 곳에서 보기 힘든 경관을 만들어냈다. 세월을 담은 골목과 건물에는 골동품점, 표구방, 화랑, 공예품점, 전통찻집으로 대표되는 인사동만의 독특한 가게가 줄지어 들어서 있다. 이런 상업거리는 다른 곳에서는 찾을 수 없다. 독특한 분위기의 거리는 최고의 데이트 장소다. 그러니 이제 막 지방에서 올라와, 서울 물정을 하나도 모르던 예쁜 후배에게 내가 이런 말을 하는 것은 너무나 당연했다.

"인사동 전통찻집에 가서 녹차 한잔할까?"

지금은 아내가 된 예쁜 후배와 내가 종종 갔던 전통찻집은 인사동의 수많은 골목 중 막다른 곳에 있는 작은 가게였다. 난 아내와 처음 그곳을 가기 전까지 전통찻집을 딱 한 번 가봤지만, 유행에 민감한 사람들만 아는 전통찻집 문화에 능숙한 척하며 삐걱거리는 문을 자연스럽게 열고 들어갔다. 전통찻집다운 향과 전통찻집다운 탁자와 의자, 그리고 전통찻집다운 메뉴판이 있었다. 메뉴판에는 온갖 종류의 녹차가 적혀 있었다. 녹차를 마시러 갔는데 막상 메뉴판에 녹차가 없으니 아내는 당황했다. 하지만 난, 전통찻집 문화에 익숙한 사람이 아니던가!

"24절기 중에 '곡우'라는 것이 있어. 곡우 전에 딴 잎으로 만든 녹차를 '우전차'라고 하지. 곡우가 지난 다음에 딴 잎으로 만든 녹차는 수확 순서대로 세작, 중작, 대작이라 불러. 우전차가 제일 좋은 것이고, 대작이 가장 싸."

메뉴판에 적혀 있는 '녹차' 부분을 검지로 톡톡 치며, 지난번 주인장이 설명해준 내용을 떠올리며 최대한 자연스럽게 말했다. 아내는 '뭐 이런 멋진 선배가 다 있나!'라는 표정으로 나를 쳐다봤다.

그 후로도 우리는 인사동에 자주 갔다. 막다른 골목에 있는 전통찻집, 지금도 장사를 하고 있는 대통밥집, 고구마전에 맛있는 막걸리를 파는 주점이 우리가 자주 가는 곳이었다. 가끔 화랑에 들러 전시도 보고, 주말이면 길에서 하는 축제도 기웃거렸다. 그렇게 내가 인사동에서 미래의 아내와 히히덕거리며 놀던 그때, 한쪽에서는 인사동을 지키려는 시민들이 있었다. 1999년, 인사동은 지금의 모습과는 다른, 평범한 상업지구가 될 뻔했다.

인사동만의 독특한 경관과 가게는 전 세계 사람들을 끌어모았다.

2

인사동 열두 가게를 살려야 합니다.

인사동길의 생명은 800여 개가 넘는 수많은 '작은 가게'입니다. 길과 어우러지면서 빼곡히 들어차서 인사동을 인사동답게 만들어왔습니다. 더 많은 이윤이 보장되는 유흥소비업종의 유혹을 뿌리치고, 많게는 3대 동안, 적게는 수십 년 동안 한자리에 머물면서 역사문화환경을 가꾸어왔습니다.

그러나 '작은 가게'는 하나둘 인사동길에서 사라지고 있습니다. 한꺼번에 서너 개의 전통문화가게가 사라진 자리에 하나의 인터넷 카페가 들어서는 사례도 늘어나고 있습니다. 땅값도 IMF에 아랑곳없이 올라갑니다. 얄팍한 상혼과 개발에 대한 기대가 인사동길 위를 유령처럼 떠돌고 있습니다. 인사동이 주말이면 10만 명이 찾는 명소가 되었지만 정작 그 주인공인 '작은 가게'들은 발붙일 곳을 잃어갑니다.

90퍼센트가 세입자인 '작은 가게'들은 개발자가 추진하는 재건축과 상점 대형화 때문에 바람 앞의 등불처럼 위태롭습니다. 급기야 인사동길 허리에 있는 열두 가게(동서표구사, 인예랑, 경남화랑, 도한사, 영빈가든, 예성서각사, 아원공방, 청도화랑, 사보당, 보원요, 세로방, 찻집 그리고)는 2000년 3월까지 가게를 비우고 어디론가 떠나야 합니다. 이곳마저 헐리고 현대식 빌딩이 지어지면 인사동길의 정취와 분위기는 크게 훼손되고 말 것입니다. 가장 인사동다운 곳이자 인사동길의 요충인 이곳이 개발되면 그 악영향은 인사동길 전체와 골목 안까지 파급될 게 분명합니다.

인사동을 살리는 길은 '작은 가게'를 살리는 데서 시작됩니다. '작은 가게'들이 인사동에서 그 다양성과 끈질긴 생명력을 갖도록 하기 위해서는 인사동길 허리에 있는 열두 가게부터 살려야 합니다.

11월 중순이 되면 서울시는 인사동길을 역사문화탐방로로 조성하여 그 분위기와 정취를 유지·보존하기 위해 내년 8월까지 10개월간의 공사에 들어갑니다. 그러나 인사동의 현실과 동떨어진 거리 정비는 오히려 인사동을 망쳐놓을 것입니다. 정비된 거리에서 '작은 가게'들은 높은 임대료와 새로운 개발에 눌려 더욱 유지하기 힘들어질 수도 있습니다. 인사동의 이미지와 문화적 생명력인 '작은 가게'들이 밀려난 자리는 개발자에 의해 사유화되고 말 것입니다. 그 결과, 인사동은 몇몇 대형화된 상점으로 다른 곳과 마찬가지로 획일화되어 시민과 외국 방문객들로부터 외면되고 말 것입니다.

우리는 인사동을 이대로 방치할 수 없습니다. 시민 모두가 함께 누리고 후대에 물려주어야 할 인사동의 역사문화환경이 사유재산권과 개발 이익으로 훼손당하는 현실은 극복되어야 합니다. 오랜 세월 인사동을 가꾸고 지켜온 '작은 가게'들이야말로 거리 정비와 개발의 진정한 수혜자가 되어야 합니다.

찌들고 지친 삶의 불순물을 걸러주면서 활기와 여유를 불어넣는 '작은 가게'들이 도시의 갯벌로 보존될 수 있도록 해야 합니다.

시민 여러분, 인사동길 열두 가게 살리기와 '작은 가게' 살리기에 동참하여 마침내 시민 모두의 인사동을 만들어나갈 것을 호소합니다.

1999.11.7. 인사동 작은 가게 사람들 모임 / 도시연대[1]

3

골동품점, 표구방, 화랑 등이 모여 있어 아는 사람만 알던 서울의 보물 같은 장소인 인사동이 대중들에게 널리 알려진 것은 1997년 '차 없는 거리' 행사를 하면서부터다. 물론 그 전에도 인사동에는 축제가 있었다. 1987년 10월 서울올림픽을 앞두고 인사동을 널리 알리기 위해 '인사동 전통마을 축제'를 열었다. 1993년 제6회 축제부터 '관훈, 인사동 전통문화축제'로 이름을 바꿨고, 1997년에는 '인사 전통문화축제'로 다시 이름이 바뀌었다.

그동안은 특정 기간에만 축제를 했다면, 1997년에는 8월과 12~2월을 제외한 매주 일요일에 인사동길은 '차 없는 거리'가 됐고, 다양한 행사가 길에서 열렸다. 언론의 집중적인 관심을 받으면서 많은

사람이 인사동으로 몰려들었다. 일요일이면 하루 10만 명이 넘는 사람이 인사동의 좁은 길을 찾았다.[2]

사람들은 왜 인사동으로 몰려들었을까? 아마 나와 비슷한 생각이었을 것이다. 획일화되던 도시 상업공간에서 뭔가 '다름'을 느낄 수 있는 곳이기 때문에. 그 다름은 골동품으로 대표되는 전통문화, 표구방, 화랑에서 느껴지는 문화의 향기, 한옥, 작은 가게, 골목길로 이루어진 편안한 크기의 물리적 공간, 그리고 오랜 세월을 담고 있는 도시구조였다. 이전에는 골동품, 표구방, 화랑을 가기 위해 인사동을 찾았다면, 인사동길이 주말마다 차 없는 거리가 되고, 거리 행사가 열린 후에는 인사동의 '공간'을 소비하러 오는 사람들이 크게 늘어났다. 딱히 그림을 좋아하지 않아도, 골동품에 취미가 없어도 인사동에 모여들었다. 그렇게 인사동에 대한 사람들의 관심이 커져가던 시기, 인사동 중심 골목길에 있는 열두 개의 작은 가게가 한 건설사에 팔렸다.

열두 개의 가게는 하나의 필지로 묶여 있었다. 건설사는 열두 가게를 헐고 큰 건물을 지으려 했다. 그 열두 개의 가게는 인사동의 특징을 잘 담고 있었다. 우선 물리적으로 인사동의 특징이라 할 수 있는 작은 가게들로 이루어졌고, 좁은 골목길을 형성하고 있었다. 그 중에는 멋진 한옥도 있었다. 그들은 표구상, 민속도예, 도자기, 목공예, 금속공예, 그림, 한정식, 전통찻집 등 인사동을 대표하는 업종의 가게였다. 인사동이 사람들의 관심을 받으면서 꿈틀대던 시기, 인사동 곳곳에서 재건축과 상점 대형화가 이루어졌다. 화장품 가게, 오락실 등 그동안 인사동에서는 볼 수 없었던, 하지만 다른 상점가에는 흔히 있는 그런 가게들이 하나둘 생기고 있었다. 그러던 중에 인사동의 중심에서 인사동의 경관을 지켜주던, 인사동을 대표하는 이 열두 가게마저 쫓겨난다면 인사동은 인사동다움을 유지하지 못할 것 같았다. 재건축 추세는 더욱 강해져 인사동 곳곳을 파헤칠 것이며, 결국 인사동은 종로나 명동과 별반 다를 바 없는 곳으로 변할지도 모른다는 위기감이 생겼다. 이에 인사동의 장소성을 지키기 위한 시민운동이 시작됐다. 하지만 열두 가게는 사유지였다. 건물 주인이 자신의 건물을 부수고 더 크게 짓겠다는데 그것을 반대하는 것이 타당한가에 대한 논란이 있었다. 여기에 시민들은 인사동 공개념을 전면에 내세웠다. 즉, 인사동의 건축물은 비록 사유재산이라 할지라도 인사동이 지닌 건축 경관, 전통적 도시 조직, 옛길, 역사적 장소 등은 개인이 마음대로 다룰 수 있는 사유물이 아니라 시민 모두의 공유재산이라는 것이다. 공개념의 근거 위에 시민사회의 개입이 불가피하고 정당하다는 대응 논리가 성립되었다. 1만 5,131명의 시민이 서명한 '열두 가게 살리기를 위한 청원서'가 서울시장, 문화부장관, 대통령에게 제출됐다.

시민사회의 움직임에 서울시와 종로구는 1999년 12월 22일, 3만 7,000여 평에 이르는 인사동 지역을 인사동 전통문화 보존·육성을 위한 문화지구로 지정하면서 도시설계구역 지정 및 구체적이고 종합적인 도시설계 수립을 위한 '건축허가제한조치' 발표로 화답했다.

건설사는 사전 분양 대금으로 원소유주에게 토지 값을 치를 계획이었으나, 건축허가제한조치로 인해 자금 조달 통로가 봉쇄되자 땅을 내놓을 수밖에 없게 되었다. 상황이 이렇게 흘러가면서 단순 투자자로 참여했던 주식회사 쌈지가 이 땅을 자의반 타의반 인수하게 된다.[3] 새롭게 땅주인이 된 쌈지는 기존 열두 가게와 서울시, 시민들과 함께 대화의 자리를 갖고 공생할 수 있는 방안을 찾는다. 그 결과 이미 퇴출됐거나 퇴출 위기에 있던 열두 가게의 재입점을 약속하고, 재건축 이후 '쌈지와 열두 가게'라는 공동 브랜드로 장소 마케팅을 해 명소화하자는 의견을 모았다. 그 결과물을 지금도 인사동 한복판에 위치한 '쌈지길'을 통해 확인할 수 있다. '쌈지길'은 큰 건물을 길 뒤쪽으로 밀고, 낮은 건물을 길가에 배치해 기존 인사동의 정취를 살리려 했다. 그리고 그 길에 면한 가게에는 열두 가게가 재입점했다. 건물이 '쌈지'가 아닌 '쌈지길'인 이유는 인사동의 골목길을 건물 안에 담아냈기 때문이다. 이렇게 인사동에 새롭게 만들어진 '쌈지길'이라는 건물이 탄생한 배경에는 인사동의 장소성을 살리고자 했던 시민들의 노력, 그 결과 인사동이라는 지역의 특성을 그대로 받아들인 설계가 담겨 있다. 인사동은 우리나라 최초로 거리의 장소성을 살리기 위해 시민들이 나선 곳이다.

쌈지는 쌈지길이 됐다. 쌈지길 전면부에는 열두 개의 작은 가게가 들어왔다.

4

그대로 방치할 경우 인사동의 장소성이 훼손될 수 있다고 생각한 서울시는 2002년 4월 인사동을 우리나라 최초의 문화지구로 지정했다. 문화지구는 크게 한옥을 비롯한 인사동의 물리적 환경과 골동품, 표구방, 화랑 등 전통문화 업종을 지키기 위한 방향으로 정책이 만들어졌다.

권장시설을 입주시킨 부동산 소유주에게는 조세를 감면해주고 신축·개축·대수선비를 융자해줌으로써 권장시설 입주를 위한 신규 건축 및 시설 개선이 적극적으로 이루어질 수 있도록 했다. 한편 권장시설 운영자에게는 운영비 및 시설비를 융자해주었다.

인사동길 등 주 가로변은 좀 더 엄격한 업종 규제가 적용됐다. 특히 1층에는 휴게음식점, 일반음식점 영업과 관련된 모든 업태의 추가 입점이 금지됐다.

인사동은 문화지구로 지정되고 도로 포장을 새롭게 하는 등 환경을 정비하면서 많은 사람의 관심을 받는 곳이 되었다. 한때 전국에서 단위면적당 유동인구가 가장 많은 곳이 되기도 했다. 그렇게 사람들의 관심을 받게 된 인사동의 임대료가 상승했다. 인사동의 분위기를 만들어내던 골동품, 표구방, 화랑이 점점 인사동을 떠났다. 1종 권장업종 중 공예만이 살아남아 점점 상점이 많아졌다. 어느 식당은 장사가 너무 잘되자 주인이 세입자를 내쫓고 그 자리에서 똑같은 메뉴로 장사를 하기도 했다. 지금은 너무도 유명해진 단어, 젠트리피케이션이 일어난 것이다.

당시만 해도 상업지역의 젠트리피케이션에 대한 인식이 거의 없었다. 원래 젠트리피케이션이라는 용어 자체가 상업지보다는 주거지에서 사용되던 것이었다. 지역이 개발되면서 기존에 살고 있던 원주민이 쫓겨나고 좀 더 소득 수준이 높은 사람들로 거주자가 교체되는 것을 젠트리피케이션이라고 한다. 그런데 최근 우리나라에서는 거의 상업지역에서 쓰이는 용어가 됐다. 가로수길, 홍대 앞, 연남동, 성수동 등 독특한 가게와 환경으로 사람들의 관심을 받는 상업거리에는 여지없이 젠트리피케이션이 찾아왔다. 인사동은 이런 한국식 젠트리피케이션의 시초라 할 수 있다. 사실 그 전에도 한국에 젠트리피케이션은 너무도 흔했다. 단지 그런 용어를 잘 쓰지 않아서 대중화되지 않았을 뿐이다. 우리는 전면철거라는, 원주민 정착률이 30퍼센트도 되지 않는 재개발을 수십 년 동안 보아왔다. 그것이 이제 상업지역으로 옮겨졌을 뿐이다.

'인사동 작은 가게 살리기 운동'이 일어난 지 20여 년이 지난 지금, 인사동은 또 많이 변했다. 어떤 이들은 관광객이 드나드는 상업거리가 된 인사동을 아쉬워하며 옛 인사동을 그리워한다. 전통문화의 거리라고 갔더니 중국산 물건만 판다는 비판을 받은 지도 오래되었다. 하지만 아직도 많은 사람이 인사동을 문화가 살아 있는, 오래된 것들이 인정받는 공간으로 만들려고 노력하고 있다.

그렇게 지켜진 거리는 인사동에 새롭게 자리를 잡는 사람들에게도 영향을 준다. 얼마 전까지 영업을 하던 스타벅스 인사동점은 개점 당시 해당 국가의 언어로 된 간판을 단 전 세계에서 유일한 매장이었다. 새롭게 지어지는 건물도 주변과 어울리려 애쓰는 모습이 보인다. 시민이 지켜낸 인사동 거리가 갖는 힘이다.

거리의 힘은 스타벅스 간판을 한글로 만들었다.

인사동은 장소성을 유지한 채 살아남았지만, 지금도 조금씩 변화하고 있다. 시대가 변함에 따라 장소가 변하는 것은 너무도 자연스러운 일이다. 어떤 경우에는 일순간에 장소가 바뀌기도 한다. 과거의 장소는 모두 철거되고, 새로운 시대에, 새로운 요구에 맞는 장소가 생겨난다. 하지만 이 경우에도 과거의 흔적을 남겨두려 노력하기도 한다. 수명을 다한 장소를 새로 만들 때에도 기존의 기억을 소중히 생각하고 유지하려고 노력하는 것은, 그만큼 사람에게 장소성이 중요하기 때문이다. 늘 변화하는 도시에서도, 모든 것이 허물어지고 새로운 것으로 바뀔 것 같은 도시에서도, 사람들은 옛 흔적을 남겨놓아 오랜 세월 동안 그 장소가 어떤 장소였고, 그 장소와 사람들이 어떻게 어울려 살았는지를 남겨두려 한다.

5

관광객에게 통영은 동피랑의 벽화마을, 강구안 횟집, 통영케이블카로 기억된다. 좀 더 문화적 취미가 있는 사람에게는 윤이상과 박경리가 추가된다. 하지만 통영에서 일상을 사는 사람들에게 통영은 조선소의 도시다. 조선업은 어업, 관광업과 함께 통영의 경제를 삼분하고 있는 중요한 산업이다. 어떤 이들은 조선소와 관련된 식당이

나 숙박업소 같은 관련 업종까지 더하면 통영 경제의 절반은 조선업의 영향 아래 있다고 말하기도 한다.

통영은 조선소 하면 떠오르는 도시 거제시와 붙어 있다. 거제와 통영, 고성은 예부터 한 생활권이었다. 거제의 대형 조선소를 중심으로 형성된 조선 산업도 자연스럽게 통영과 고성까지 확장되었다. 세 도시 모두 조선소와 조선소 협력사가 제조업의 대부분을 차지하지만, 거제에는 삼성중공업, 대우조선해양과 같은 대형 조선소가, 통영에는 신아SB, 성동조선해양 등의 중형 조선소가, 고성에는 작은 협력사가 중심을 잡고 있다. 국내 조선업이 어려워질 때 이 세 도시도 타격을 받았다. 지역 경제에서 조선업의 비중이 절대적인 거제, 그보다 적은 통영, 그보다 적은 고성이니 거제가 통영보다, 통영이 고성보다 타격이 더 클 것 같지만, 또 이런 어려움은 협력업체나 중소업체부터 시작되니 꼭 그 순서를 따르지 않는다. 통영의 조선소는 최근 몇 년 사이 큰 어려움을 겪고 있다. 그중 오랫동안 통영 시내 인근에서 조선소를 운영하던 신아SB조선소는 완전히 문을 닫았다.

신아SB조선소는 2017년에 파산한 후 공장부지가 LH(한국토지주택공사)에 매각됐다. 나는 2018년 5월, 도시에 대한 잡지를 같이 만드는 동료들과 함께 문 닫은 신아SB조선소를 답사했다. 우리가 답사를 했을 당시는 5만 6,000평의 땅을 대상으로 '폐조선소 도시재생 마스터플랜 국제공모'가 진행 중이었다. 마스터플랜의 방향은 친수공간을 이용한 관광, 문화시설, 그리고 재활용이다. 거대한 공장이 문을 닫고 그로 인해 어려워진 도시가 재생을 꿈꿀 때 어떤 고민을 했을까? 이미 문을 닫은 공장을 살릴 수도 없고, 지방의 무수히 많은 공단이 비어 있는 현실에서 공장을 유치하기도 어려운 노릇이다. 그나마 통영이 경쟁력을 갖춘 관광 관련 시설이 들어오는 것은 고육지책이라고 할 수도 있고, 새로운 기회라고 할 수도 있다. 그러나 이것이 비어 있는 '공간'을 이용한 새로운 기회가 될 수는 있지만, 그 기회가 문 닫은 공장에서 일했던 사람들에게 직접적으로 연결되기는 어렵다. 그들의 생활을 위한 대책이 함께 필요하다.

경비업체 복장의 직원들이 문 닫은 조선소를 지키고 있었는데, 신아SB조선소에 근무하던 직원들이라고 했다. 옛 동료들이 떠난 빈 공장을 지키고 있던 그들은 우리 일행에게 조선소 곳곳을 안내해줬다. 그들은 커다란 배를 건조하고 진수식 하던 날의 이야기를 할 때 옛 생각에 약간 들떠 있던 것을 제외하고는, 시종일관 작고 차분한 어투로, 조금은 쓸쓸하게 옛 조선소에 대해 설명했다. 궁금한 것이 많은 우리도 아저씨를 따라 작고 차분하게 물어보았다. 장소와 사람이 우리 목소리를 그리 만들었다.

신아SB조선소 부지에서는 남은 자재를 정리하는 작업을 하고 있었다. 대부분의 철제 시설은 이미 고철로 팔렸고, 잡목같이 잘 팔리지 않은 것을 정리하고 있었다. 기존 시설을 '재활용'해야 한다는 것이 마스터플랜의 기본 방향으로 제시되었으니 아마도 골리앗 크레인 하나와 바닥의 철로, 도크 두 개, 소수의 작업장 철제 프레임 정도가 살아남아 다른 모습으로 바뀔 것이다. 굳이 기존 시설의 일부를 재활용하려는 것은 그곳이 원래 '조선소'임을 기억하고 있는 사람들이 많기 때문이다. 그리고 그곳이 조선소였다는 것은, 조선소를 둘러싸고 수십 년을 함께 살아온 사람들에게 소중한 삶의 흔적이자 기억이다.

경기도 안양시, 안양역에서 도보 10분 거리의 도심 한복판에는 삼덕제지라는 제지공장이 42년 동안 자리 잡고 있었다. 2003년, 삼덕제지는 공장 이전을 결정했고, 공장 주인은 공장부지를 안양시에 기증했다. 공장 운영으로 그동안 주변에 많은 피해를 줬으니 이제 그 빚을 갚겠다는 것이 공장부지를 기증한 전재준 회장의 말이었다. 기부의 조건은 두 가지였다. 하나

신아SB조선소 부지에 남겨질 골리앗 크레인.

는 이 공간을 녹지공간으로 만들어달라는 것, 그리고 공장 굴뚝 하나를 남겨달라는 것. 안양은 공업도시였고, 그 도시 한복판에 삼덕제지라는 공장이 있었으며, 그 공장에 기대어 많은 사람이 살았고, 시대가 바뀌어 이제 그 공장이 공원으로 바뀌었다는 것을 공장 굴뚝으로 전하고 싶어 했다. 삼덕제지 공장이 있던 곳은 지금 삼덕공원이 됐다. 하지만 공장을 공원으로 만들고, 굴뚝을 남기는 일이 평탄하지만은 않았다. 안양시는 기부자와 상의 없이 굴뚝을 철거했고, 공원 아래에 대규모 주차장을 만들려고 했다. 이에 부지 기부자인 전재준 회장은 지하주차장 위의 공원을 받아들일 수 없다며 안양시민에게 서명운동을 제안하기도 했다.[4] 다음은 2005년 11월 5일, 전재준 회장이 삼덕제지의 후신인 삼정펄프 홈페이지에 남긴 글이다.

안양시민 여러분 안녕하십니까?

저는 구 삼덕제지(주) 회장 전재준입니다. 저는 안양시 만안구 안양 4동 782-19번지에서 42년간 제지공장을 경영해오다 회사를 정리하게 되었습니다. 그동안 인근 주민에게 피해만 줬기에 늘 죄송하게 생각하던 중 삼덕제지(주)의 부지 4,842평(시가 300억 원 상당)을 안양시민 여러분께 돌려드리기로 마음을 먹고 2003년 7월 안양시에 공원 용지로 기증하였습니다.

본인은 당초에 공원 용도로만 기증을 하였으며, 신중대 안양시장도 '전국에서 제일가는 공원을 만들겠다'라고 약속하였습니다. 그러나 기증한 이후 2년이 지난 2005년 10월 현재까지 공원 조성에 진척이 없습니다. 또한 안양시장은 공원을 조성하면서 '공업도시 안양의 상징물인 굴뚝과 경비실'을 존치하기로 본인과 굳게 약속하였습니다. 그러나 지난 7월, 한마디의 상의도 없이 무단으로 철거하고 말았습니다.

안양시에서는 지하 2개 층으로 620대를 주차할 수 있는 지하주차장 건설을 계획하고 있습니다. 공원 면적의 반이 넘는 부분이 시멘트 구조물 위에 만들어지는 것입니다. 과연 시멘트 위에서 공원다운 공원이 만들어질 수 있겠습니까? 더군다나 620대를 주차한다는 것은 모든 여건을 고려해도 터무니없이 큰 것이며, 막대한 예산을 들여 제대로 사용이 못 될 경우에 안양시장이 그 책임을 질 수 있는 것인지 묻고 싶습니다. 안양시가 시민을 위한 공원 조성보다 주차장 수입에만 마음이 있는 것 아닌지 의심스럽기까지 합니다.

안양시민 여러분!

울창한 숲의 새소리와 신선하고 쾌적한 공기가 있는 자연공원을 원하십니까? 자동차 600대의 소음과 매연으로 가득한 주차장 공원을 원하십니까?

안양시의 계획은 4,823평 중 3,000여 평을 지하주차장으로 조성한다는 것입니다. 지하주차장은 철근시멘트 구조물로서 건축될 것입니다. 잘못된 선택으로 판정이 나더라도 한 번 건축하면 그것을 철거하기는 불가능할 것입니다.

저는 올해로 82세의 늙은이입니다. 무슨 욕심이 더 있겠습니까? 저의 마지막 소원은 삼덕제지 공장이 시멘트 위의 공원이 아닌, 흙냄새 나고 숲이 울창한 자연공원으로 조성되어 시민 여러분들께서 편안하게 이용하는 것을 살아생전에 보는 것입니다. 결코 매연과 소음으로 뒤덮인 주차장 공원으로 기증한 것이 아님을 안양시는 알아야 할 것입니다.

따라서 본인은 혼신의 힘을 다해 지하주차장 건설을 절대 반대하겠습니다.

현재의 상황은 '자연공원으로 조성하여 후손들에게 대대로 녹지공간으로 물려주느냐?' 아니면 방관과 무관심으로 '시멘트 덩어리 위의 반쪽짜리 공원이 되게 하느냐?' 하는 기로에 서 있습니다.

이 늙은이의 간절한 의견에 안양시민 여러분의 협조와 격려를 바랍니다. 안양시민 여러분의 뜻이 이루어질 수 있도록 지하주차장 건설계획 반대 서명서에 서명을 받고 있으니 적극 참여해주시기를 부탁드립니다.

구 삼덕제지(주) 회장 전재준 배상

기부자와 안양 시민사회의 반발이 이어지자 안양시는 지하주차장 건설 계획을 취소했다. 그리고 이미 철거한 커다란 공장 굴뚝을 대신해, 3분의 1로 축소한 굴뚝 모형이 세워졌다. 2009년, 그렇게 공장부지는 삼덕제지의 흔적 모형을 남기고 삼덕공원이 됐다. 전재준 회장은 자신이 기부한 공장부지가 공원이 되는 광경을 바라보고, 1년 후 세상을 떠났다. 그리고 7년 뒤, 안양시는 삼덕공원에 지하주차장 건설 계획을 발표한다. 안양 시민사회는 이는 기부자의 뜻을 거스르는 행위이고, 공원 아래에 주차장을 만드는 것은 자동차를 더욱 많이 유인하는 결과를 낳을 것이라며 반대했다. 하지만 안양시는 기부 당시와 상황이 변했고, 주민 편의를 위한 것이라며 주차장 공사를 강행했다. 2019년, 지하주차장 건설 공사가 시작됐다.

청계천은 한강이 서울의 시계 안으로 들어오기 전, 오랜 세월 동안 서울의 중심을 흐르는 물길이었다. 지금은 길이 된, 북촌을 흐르는 작은 물길들이 남쪽으로 흘러 청계천에 모였다. 수량이 풍부하지는 않아서 날이 좀 가물면 건천이 되기도 했던 청계천은 서울사람들의 빨래터이기도 했고, 개화기 선남선녀들이 만나 노니는 놀이터이기도 했다. 근대 초기 도심을 흐르는 많은 물길이 그러했듯이 청계천도 서울시민의 하수를 온몸으로 받아냈다. 악취가 심하고 더러운 물이 흐르던 청계천은 서울의 골칫거리였다. 북촌의 물길이 복개되어 도로 아래로 들어간 것

공원이 된 공장에 새로 만들어진 굴뚝.

처럼, 청계천도 복개되어 폭 50미터의 넓은 길이 만들어졌다. 당시 서울에서도 보기 힘든 넓은 도로였다. 그 위로 청계고가도로가 지나갔다. 청계고가도로는 청계천 인근에서 만들어진 물건들을 실어 나르고, 서울의 사람들을 이동시켰다.

세월이 흘러 도심 한복판인 청계천에 자동차가 지나가는 것보다 물이 흐르는 것을 보고 싶어 하는 사람들이 늘어났다. 연세대학교 노수홍 교수, 이희덕 교수, 소설가 박경리 등이 중심이 되어 2000년 '청계천 살리기 연구회 심포지엄'을 만들면서 청계천 복원은 공론화되었다. 2년 후인 2002년 당시 서울시장 후보였던 이명박 후보가 청계천 복원을 선거 공약으로 받아냈다.[5] 그가 당선이 되고 청계천은 일사천리로 복원됐다. 청계천은 복원 과정에서 많은 문제를 드러내기도 했다. 도로 아래 묻혀 있던 문화재가 많이 발굴되었지만, 그 문화재들을 제대로 복원하자는 목소리는 빠른 복원 속도에 묻혔다. 자연형 하천으로 만들자는 목소리는 애초에 지금의 환경에서 100퍼센트 자연 하천을 만들기 어렵다는 소리에 묻혔다. 건천인 청계천의 수량을 확보하기 위해 펌프가 가동됐다. 한강물을 끌어다 청계천에 개울물로 흘렸고, 그 물은 다시 한강으로 흘러갔다. 복원 공사를 시작한지 2년 만에, 복개 공사가 시작된 지 47년 만에 청계천은 온전히 하늘을 보았다.

도심의 작은 하천은 오랫동안 덮고 가리는 방법으로 관리되었다. 반대로 도로를 걷어내고 물길을 드러낸 것은 획기적인 사건이었다. 도시의 패러다임이 바뀌었다. 왜 이 좋은 하천을 그동안 땅속에 묻어놓았는지에 대한 비난도 있었지만, 그 시절에는 또 그것이 옳다고

남겨진 청계고가도로 교각.

생각하는 사람들이 많았다. 청계고가도로는 산업화시대 서울의 상
징과도 같은 구조물이었다. 신호대기 없이 도심 한복판을 가로질러
다닐 수 있었던 이 도로는 많은 물자와 사람을 실어 나르며 자신의
역할을 해왔다. 이제 고가도로보다는 도시하천이 더 필요한 시대가
되어 철거되었지만, 청계고가도로가 청계천 위를 지났다는 것 또한
서울의 역사였고, 서울시민의 삶의 흔적이었다. 동대문구 용두동 구
간에 옛 청계고가도로 교각 세 개가 남겨졌다.[6] 그렇게 청계천에는
역사가 쌓여갔고, 우리는 그것을 눈으로 확인할 수 있다.

6

특정 지역이 갖고 있는 장소성은 그곳과 더불어 살아간 사람들뿐 아니라 멀리 있는 사람들에게도 관심의 대상이 됐다. 어느 도시를 가도, 도시의 어디를 가도 비슷비슷한 경관이 자리한 요즘, 우리는 오랜 세월이 쌓여 그곳만의 독특한 장소성이 만들어진 지역에 매력을 느낀다. 우리가 인사동을 찾는 이유도 인사동만의 장소성이 있기 때문이다. 그 장소성은 물리적 환경을 통해 나타난다. 한정식집과 전통찻집, 골동품점과 표구방과 화랑, 공예품점 등이 들어서 있는 한옥과 작은 가게, 그들이 만들어낸 좁은 골목이 인사동을 인사동으로 느끼게 한다. 그런 환경이 사라진다면 우리는 일부러 인사동을 찾을 이유가 없다. 북촌, 서촌, 삼청동, 홍대, 연남동, 성수동 등의 거리도 세월이 쌓아놓은 도시의 켜를 느낄 수 있다.

오랜 세월에 거쳐 만들어진 장소성은 일부러 만들 수 없는 독특한 느낌을 방문자에게 주었다. 이는 사람을 끌어당기는 매력적인 요소가 됐다. 독특한 장소성을 찾아다니는 사람들이 늘어나니, 사람들이 오기를 원하는 지역에서 오래된 장소성을 활용하거나 새로운 장소성을 만들어내기도 한다.

강원도 정선군 고한읍에 있는 미술관이자 작가들의 레지던시 공간인 삼탄아트마인은 38년 동안 운영되던 탄광이었다. 1964년 문을 연 삼척탄좌는 석탄 채굴의 경제성이 떨어지면서 2001년에 문을 닫는다. 더 이상 필요 없어진 탄광 건물은 철거되지 않았다. 탄광 사무실, 샤워실, 세탁실, 광차 수리를 위한 공장 등이 살아남아 탄광 채굴의 현장을 느낄 수 있게 됐고, 미술관이 됐고, 레지던시 공간이 됐고, 관광객을 모았다. 그렇게 4만 9,221제곱미터의 부지는 옛 기억과 새로움이 합쳐진 공간으로 다시 태어났다. 이곳만의 독특한 장소성을 쫓아 2016년에만 7만 6,000여 명의 방문객이 이 외진 곳으로 찾아왔다. 통영의 문을 닫은 조선소를 관광문화복합단지로 만들려는 LH가 골리앗 크레인 등 기존 조선소 시설의 일부를 재활용하려 한 데는 그곳에서의 삶의 흔적을 소중히 간직하고 싶은 마음도 있겠지만, 그러한 장소성이 이제 '팔리는' 시대가 된 이유도 있다. 그렇게 장소성이 팔리자 새로운 장소성을 만들기도 했다. 벽화는 아주 쉬운 도구였다.

서울의 이화동과 통영의 동피랑은 벽화마을로 유명하다. 이곳은 벽화가 그려지기 전에도 오랜 주거지로서의 장소성을 갖고 있었지만, 지금 이 마을을 찾는 사람들에게 두 곳은 모두 벽화마을이다. '예쁜 벽화가 그려진 마을'이라는 장소성을 획득한 곳에 사람들이 몰리자 전국 여기저기에 벽화마을이 만들어졌다. 그렇게 부산의 감천마을과 흰여울마을에, 여수의 고소동에, 전주의 자만동에, 광주의 펭귄마을에, 청주의 수암골에, 창원에 가고파꼬부랑길에 벽화가 그려졌다.

원래 주거지였던 서울 이화동에 관광객이 모여들자 주민들의 생활이 불편해지기도 했다. 관광객이 유발하는 소음, 쓰레기, 낙서에 시달리던 이화동 주민은 벽화를 지워버렸다. 그리고 벽에 붉은색 락카로 "주거지에 관광지가 웬 말이냐, 주민들도 편히 쉬고 싶다"라고 적었다.[7] 통영 동피랑과 부산 감천마을도 몰려드는 관광객으로 인해 주민들의 생활이 불편해졌다. 주민들은 이를 해결하기 위해 협동조합을 만들어 대응했다. 벽화마을이 유명해지자 뒤따라 벽화를 그렸던 고소동 벽화마을과 가고파꼬부랑길 등은 아직 큰 문제가 일어나지는 않았다. 그만큼 성공하지 않았기 때문이다. 이때의 '성공'은 '관광객이 얼마나 많이 오는가'에 달려 있다. 오래된 주거지의 주거환경을 개선하겠다는 명분이 늘 벽화마을 조성 사업계획서 맨 앞에 써 있지만, 평가의 기준은 '관광객 수'가 되었다.

새로 만들어진 장소성, 기존의 오래되고 독특한 장소성이 모두 돈이 되는 세상이 됐다. 팔 수 있는 것은 팔아야 한다는 생각은 '물건'을 넘어 '장소'에까지 이어졌고, '장소마케팅'이라는 말도 생겨났다. 그렇게 장소성을 이용해 관광지를 만들려는 시도가 전국에 유행처럼 번졌다. 하지만 이런 시도가 시민사회의 반발에 의해 무산된 경우도 있다.

소설 『괭이부리말 아이들』로 유명해진 괭이부리마을은 인천 동구 바닷가에 있는 작은 마을이다. 작은 쪽방이 모여 있는 이곳의 주거환경은 매우 열악했다. 열악한 환경은 역설적이게도 가난한 사람들이 살 수 있는 공간을 제공했다. 쪽방촌에는 가진 것이 많지 않는 사람들이 모여 마을을 이뤘고, 그곳에서도 사람들이 살아가고 아이들이 자라났다. 공부방에는 아이들이 모여 공부를 하고, 지역 신문이 만들어졌는데, 공부방에서 자란 아이들 중 일부는 어른이 되어 쪽방촌을 떠났고, 일부는 다시 돌아와 공부방의 선생님이 되었다. 괭이부리마을의 쪽방촌은 그곳에 사는 사람들의 소중한 삶의 공간이었다. 하지만 하필 그 동네는 소설 『괭이부리마을』로 유명한 곳이었다. 팔 수 있는 장소성을 발견하자 인천 동구청은 그 쪽방의 일부를 '체험 공간'으로 만들어 쪽방을 체험할 수 있게 할 계획을 세웠다. 사람들은 반발했다. 가난까지 상품화하려는 것이냐는 비판이 쏟아졌다.[8] 괭이부리마을에 사는 사람들은 자신들을 동물원 원숭이 취급한다며 분노했다. 일순간에 전국의 관심이 쏟아지자 인천 동구청의 계획은 시의회를 통과하지 못했다. '가난한 동네'라는 장소성까지 팔아보려던 계획은 철회됐다.

장소성이 팔린다는 것은 그만큼 많은 사람이 장소성에 주목하고 있다는 말이다. 도시가 천편일률적으로 바뀌고 있는 요즘, 장소성이 팔리는 현상은 우리 도시에도 오랜 삶의 켜가 묻어 있는 공간, 독특하고 개성 있는 공간이 필요하다는 방증이기도 하다. 과거 시민들이 인사동의 장소성을 지키려 했을 때 자본은 이를 허물고 획일적인 건물을 지으려 했으나, 지금은 장소성이 돈이 된다는 사실을 자본도 잘 알고 있다. 경제적 이득을 얻기 위해 북촌의 한옥을 부수고 빌라를 지으려 했던 사람들이, 지금은 경제적 이득을 위해 한옥의 보존을 이야기한다. 장소성 있는 공간이 주목을 받으니, 자본주의 사회의 속성이 작동하여 그것을 팔려고 한다. 장소성의 가치가 인정받는 것은 좋은 일이다. 인정받은 가치는 돈으로 환산되기도 하고, 그 덕분에 지켜지기도 한다. 하지만 얼치기 장사꾼은 본질을 날려버리고 껍데기만 붙잡은 상태에서 장사를 한다. 우리는 이를 경계해야 한다.

08

벽화마을의 탄생.
그려진 벽화, 지워진 벽화

1

　빠른 속도가 미덕인 시대에 느림을 추구하는 도시가 있다. 그런 도시를 '슬로시티'라 부른다. '슬로시티 운동'은 빠름과 경쟁을 추구하기보다는 자연을 느끼고, 지역의 정체성을 찾고, 전통문화를 보존하고, 이웃과 함께 느림의 철학을 일상에서 실천하자는 취지로 1999년 이탈리아의 소도시에서 시작됐다. 우리나라는 2007년 네 개 도시가 슬로시티로 지정되면서 슬로시티 운동의 한 축을 담당하고 있다.

　말로만 듣던 슬로시티를 처음 가본 것은 2013년이다. 슬로시티에 사는 사람들은 어떻게 살고 있는지가 궁금했다. 그곳 사람들은 어떻게 다르게 살고 있는지, 자신의 도시를 슬로시티로 지정토록 한 사람들은 어떤 사람들인지, 그런 사람들이 모여 있는 곳의 시간은 어떻게 흘러가는지 궁금했다. 기왕이면 평상시에 잘 볼 수 없는 넓은 청보리밭을 보고 싶어 4월의 청산도를 선택했다.

하지만 나의 기대는 청산도행 배를 기다리던 완도항에서부터 무너졌다. 완도항에는 '청산도 슬로시티 축제'를 알리는 현수막이 여기저기 걸려 있었다. '슬로시티'라는 단어와 '축제'라는 단어가 함께 있는 장면은 너무도 어색했다. 그 현수막을 보는 순간 난 일종의 배신감을 느꼈다. 내가 생각한 슬로시티는 '삶의 방식'이었지만, 정작 그 안에 살고 있는 사람들에게 슬로시티는 '판매 수단'인 것처럼 느껴졌다. 당시만 해도 '슬로시티 축제'라는 것이 존재하리란 생각조차 못 했으니, 지금 생각해보면 내가 꽤 순진했던 것도 같다.

2019년 6월 22일 목포시가 슬로시티로 지정됨에 따라 우리나라는 16개의 슬로시티를 갖게 됐다. 완도군, 담양군, 하동군, 예산군, 남양주시, 전주시, 상주시, 청송군, 영월군, 제천시, 태안군, 영양군, 김해시, 서천군, 목포시가 모두 슬로시티다. 세계에서 네 번째로 많고, 아시아에서는 독보적으로 1위다. '빨리빨리'로 유명한 나라에 16개의 슬로시티가 있다는 것은 놀라운 일이다. 빠른 속도에 지친 사람들이 많아서였을까? 느리게 살고 싶은 욕구가 분출된 것일까? 하지만 우리나라의 슬로시티는 삶의 태도와는 별 상관이 없어 보인다. 가장 최근에 슬로시티로 지정된 목포의 시장은 한 언론과의 인터뷰에서 목포가 슬로시티가 됐으니 어떤 점이 기대되느냐는 질문에 "슬로시티라는 좋은 도시브랜드를 획득했으니 많은 관광객 유치가 기대된다"라고 답했다.[1] 역시 슬로시티는 관광객 유치의 수단이었다. 이쯤 되니 왜 우리나라에 16개의 슬로시티가 있는지 이해가 된다.

본질은 사라지고 관광객만 바라보고 있는 것이 슬로시티만은 아니다. 전국적으로 벌어지고 있는 주거지 도시재생의 목표는 당연하게도 주거민의 삶의 질 향상이어야 한다. 하지만 도시재생사업으로 얼마나 많은 관광객이 주거지를 찾느냐가 사업 성공의 기준이 되어버렸다. 전국에 100여 개가 넘는 오래된 마을은 넘쳐나는 관광객을 꿈꾸며 벽화마을이 됐다. 하지만 애초에 벽화마을이 시작된 초기에는 주된 목적이 관광객 유치가 아니었다.

2

벽에 그림 좀 그린다고 재개발을 막을 수 있을까? 나의 삶의 터전이 되어준 집이 허물어지고, 함께 부대끼며 살아온 이웃과 동료가 있는 마을이 사라지는 것을 말이다. 이 어려운 일이 통영에서 실제로 일어났다.

벽화마을로 유명한 동피랑은 철거 예정지였다. 2007년의 어느날, 동피랑 마을 인근의 한 주민센터에서 동피랑 마을의 재개발 계획을 알리는 주민설명회가 열렸다. 허름한 산동네에 위치한 집을 철거하고 통영성 동편 누각인 동포루를 복원해 공원을 만들겠다는 것이 통영시의 계획이었다. 하지만 동피랑 주민 중 많은 사람은 계속 동피랑에 살고 싶어 했다.

야트막한 언덕에 낮은 집들이 앉아 있는 동피랑은 경관이 매력적인 곳이었다. 평지인 도시에서는 느낄 수 없는 다양한 층위의 경관 변화가 있었다. 동피랑에서는 통영의 내항인 강구안이 한눈에 내려다보였다. 산동네는 물리적 접근성이 약한 대신, 훌륭한 전망을 선

사하는 경우가 많다.

접근성이 떨어진다는 특징은 산동네 형성에 영향을 주었다. 자가용 승용차가 대중화되기 전, 골목골목을 누비는 마을버스도 없던 시절, 산동네는 이동이 불편한 살기 힘든 곳이었다. 하지만 당시에도 자가용 승용차를 이용하던 사람들에게는 산동네에 사는 것이 문제가 되지 않았다. 도리어 낮은 접근성은 대중과 떨어진 주거환경을 원하는 사람들에게는 장점이 됐다. 그렇게 부유층의 산동네가 만들어졌다. 높은 곳에 위치한 집은 좋은 전망도 얻을 수 있었다.

반대로 저렴한 가격을 대가로 낮은 접근성을 받아들인 사람들이 있었다. 그들은 기꺼이 산동네로 올라가 살았다. 팍팍한 삶은 자신들 동네의 진가를 알아보기 힘들게도 한다. 동피랑 사람들은 계속 동피랑에 살고 싶었지만, 역사성을 담은 공원 대신 자신들의 비루한 집이 남아 있는 것이 옳은 방향인지에 대해서는 생각해보지 않았다. 그들에게 동피랑은 그냥 가난한 산동네였다. 하지만 외부인의 시선에서 동피랑은 아름다웠다. 많은 사람의 삶의 공간인 동피랑 마을을 부숴서 얻는 것보다 잃는 것이 더 많아 보였다. 어차피 이곳을 공원으로 만들겠다는 계획은 관광객을 유치하기 위해서 세운 것이었다. 그렇다면 지금의 집들을 남겨둔 채, 더 좋은 관광지를 만들면 될 터였다. 그래서 생각한 것이 벽화였다. 동피랑의 할머니, 할아버지들은 자신의 집 벽을 내어주고 벽화마을을 만드는 데 동참했다. 그것이 마을을 지킬 수 있고, 동네에서 함께 살 수 있는 방법이라는 '푸른통영21'의 제안에 움직인 것이다.

푸른통영21은 통영의 시정부와 시민들의 협치를 위해 만들어진 거버넌스 조직이다. 1992년 브라질 리우데자네이루에서 열린 유엔 환경개발회에서 지속 가능한 지구를 위한 전 세계적인 합의가 있었다. 이를 실행하기 위한 구체적인 행동 강령으로 '의제21'을 발표했다. 그리고 합의를 제대로 실현하기 위해서는 지역 차원에서 민과 관이 함께해야 한다는 결론에 뜻을 모았다. 그렇게 해서 '지방의제21'이라는 이름의 거버넌스 조직이 전국적으로 확산되었고, 2006년에 통영에 만들어진 지방의제21이 푸른통영21이었다.

푸른통영21은 동피랑 주민들과 통영시 사이를 오가며 동피랑의 재개발을 일단 멈추고 벽화를 그리는 일을 성사시켰다. 몇 번의 회의가 이어졌다. 초기에는 주민들이 직접 벽화를 그리는 것이 논의되었지만, 나이가 많고 그림에 자신 없어하는 주민들의 의견을 따라 공모전을 개최하기로 했다. 공모는 누구에게나 열려 있었다. 그렇게 2007년, 동피랑에서의 첫 번째 벽화공모전이 열렸다. 총 19팀이 참가했다. 그중에는 벽화를 전문적으로 그리는 화가도 있었고, 홀로 많은 벽에 그림을 그리며 할머니들과 우정을 쌓은 학생도 있었고, 아들과 함께 좋은 추억을 만들고 싶어 하는 엄마도 있었다.[2] 일주일의 시간이 지나고, 동피랑은 바뀌었다. 낮고 아담한 건물에, 바다가 보이는 멋진 전망에, 통영이라는 이름에, 다른 곳에서는 볼 수 없는 개성 있는 벽화가 더해지자 사람들은 동피랑에 가고 싶어 했다. 관광객이 몰려들었다. 그러자 통영시는 동피랑 철거 계획을 취소했다. 벽화는 2년마다 새로운 공모전을 통해 다시 그려졌다. 동피랑은 관광도시 통영에서 가장 유명한 관광지가 되었다. 동피랑은 그렇게 살아남았다.

동피랑의 풍경과 벽화.

3

동피랑에 벽화가 그려지기 1년 전, 서울 대학로 인근 산동네인 이화동에도 벽화가 그려졌다. 이곳에 벽화가 그려진 사연은 동피랑과 달랐다. 문화관광부에서는 'Art in City'라는 공공미술 프로젝트를 야심차게 진행했다. 전시관 안에만 있는, 대중의 일상과는 동떨어진 미술을 공공의 영역으로 확장시키려는 시도였다. 그동안 우리나라의 공공미술의 대표는 큰 건물 앞에 세워진 조각상이었다. 사람들은 그 조각상을 보고 미술적 감각을 키우거나, 무심히 지나가거나, 별 시답지 않은 것들이 예술이랍시고 거기 서 있다고 조롱했다. 조각가들은 자신들의 창작을 위한 새로운 기회를 얻거나, 자신의 작품을 도시 안에 넣어 상시적으로 대중과 함께 호흡하는 기쁨을 누리거나, 대충 만들거나 복제해서 돈을 벌었다. 이런 식의 공공미술에 대한 비판이 거세지던 때, 문화관광부의 야심찬 기획이 시작된 것이다.

Art in City는 미술가들의 응모를 받아 전국의 11개 마을에서 진행됐다. 그곳에서 벽화도 그려지고, 조각상도 세워졌다. 10개 마을은 지자체와 주민들의 공모로 선정됐다. 그러나 서울의 이화동은 모범 사례를 만들고 싶었던 문화관광부에 의해 직접 지정·선정됐다. 예술감독이 위촉됐고, 다른 지역보다 많은 예산이 투입됐다. 작가가 선정되어 이화동 마을에 나타났다. 담당 감독이 교체되는 우여곡절도 겪었다. 전체 사업 기간은 1년이었지만, 이런저런 일을 겪느라 실제 그들이 활동한 시간은 3개월 남짓이었다. 그리고 70여 개의 작품이 설치됐다. 문화관광부는 이화동 프로젝트는 '주민참여로 벽화를 그린 것이 가장 큰 성과'라고 광고했다. 하지만 단 한 번의 참여

프로그램으로 4개의 작품에 주민이 참여한 것이 전부였다.[3] 작품 자체에 대한 참여보다 훨씬 중요한, 벽화를 왜 그려야 하는지를 결정하는 의사결정에 참여한 주민은 없었다.

벽화가 그려지자 발 빠른 사람들이 찾아왔다. 한 동네에 벽화가 집중적으로 그려진 것은 처음이었다. '힙'한 것을 찾는 사람들 눈에 이 새로운 광경은, 산동네의 멋진 전망, 평지에서는 잘 볼 수 없는 1970~1980년대의 모습을 간직한 풍경과 버무려지면서 독특한 공간이 되었다. 그렇게 알음알음 사람들이 찾아와 마을에서 사진을 찍었다. 그리고 2009년 5월 1일, 당시 국민예능이었던 〈1박 2일〉에 이화동이 소개되었다. 국민남동생으로 불리던 이승기가 이화동의 날개벽화에서 사진을 찍었는데, 배우는 역시 달랐다. 멋진 모습이 방송으로 나갔고, 돌아온 주말, 이화동은 폭발했다.

전국 각지에서 몰려든 사람들은 이화동에서 사진을 찍었다. 이승기가 사진을 찍은 날개벽화는 특히나 인기였다. 날개를 그린 작가는 자신의 작품을 많은 사람이 사랑해주는 것에 감동했다. 그는 TV 속에 비친 자신의 벽화가 좀 낡은 것을 발견했다. 벽화는 2~3년이 흐르면 낡고 떨어져 나가 볼품없어지는 경우가 많다. 작가는 페인트와 붓을 들고 이화동 벽화마을을 찾았다. 날개를 깨끗이 그리기 위해 작업도구를 풀었다. 한 주민이 다가왔다. 그는 3년 전 벽화를 그릴 때 수고한다며 커피를 타줬던 담장 주인 아주머니였다. 작가는 반갑게 인사를 건넸다. 아주머니는 어렵게 입을 열었다. "벽화 좀 지워주면 안 돼요?"

날개벽화는 작가에 의해 지워졌다. 처음에는 '지금 당장은 사람들이 너무 몰려서 불편하시겠지만, 조금 지나면 수그러들 것'이라 설득했지만 곧 아주머니의 말을 따를 수밖에 없었다. 남자들이 와서 옷을 다 벗고, 팬티만 입고 벽화 앞에서 사진을 찍는다고, 사람들이 몰려오자 가난한 집에 사는 게 부끄러워진 아이가 집 밖으로 나가질 못한다고 아주머니는 말했다. 작가는 새로 날개벽화를 그린 후, 이번 주말 동안에만 두고 지우겠다고 약속했다. 그렇게 날개벽화는 지워졌다.[4]

날개벽화는 지워졌지만, 여전히 이화동을 찾는 사람들은 많았다. 처음 이화동에 벽화를 그릴 때 목적으로 했던 것은(주민의 목적이 아닌 문화관광부의 목적이다) 미술을 지역주민이 좀 더 가까이 접하는 것이었다. 사업계획서에 나와 있는 정확한 사업 목표는 '낙산 일대의 경제적·문화적 소외지역 환경 개선', '지역과 직능별로 분리된 삶을 문화적·시각적으로 연결', '이해와 소통의 장 마련'이었다.[5] 하지만 벽화가 그려지고, 그 벽화를 보러 많은 사람이 이화동으로 모여들자 이화동 벽화마을은 '성공'한 것으로 여겨졌다. 성공의 잣대는 그곳에 살고 있는 사람들이 미술을 좀 더 쉽게 접하는가가 아니었고, 그곳에 살고 있는 사람들의 생활환경이 더 나아졌는가도 아니었다. 문화적 소외가 얼마나 개선됐는지, 이해와 소통의 장이 어떻게 마련됐는지 아무도 관심이 없었다. 관광객이 얼마나 많이 오느냐에 따라 성공과 실패가 나뉘었다.

Art in City 사업이 성공했다고 평가한 문화관광부는 이 사업을 마을미술프로젝트로 바꿔 지속했다. 관광객이 모여든 이화동의 사례는 많은 지자체가 눈에 불을 켜고 벽화를 그리려는 동기가 되었다. 중앙정부에서 지역에 내려보내는 예산이 마련되면, 그 예산의 쓰임이 지역에 꼭 필요한지 여부는 뒷전으로 밀리게 된다. 그 동네에 지금 필요한 것은 무엇인지, 벽화가 그 필요를 해결해줄 수 있는지는 그리 중요하지 않다. 예산을 따 와서 그 돈이 자신의 지자체에 쓰인다면, 일단 성공이다. 그렇게 100여 개의 벽화마을이 만들어졌다. 그리고 그중 대부분은 흉물이 되었다. 성공한 곳도 있었다. 여기서 '성공'이란 관광객이 많이 온다는 뜻이다. 그중 부산의 감천마을이 있었다.

부산 감천마을도 통영의 동피랑과 서울의 이화동처럼 산동네다. 한국전쟁 최후의 보루였던 부산에는 피난민들이 모여 만든 산동네가 많다. 감천마을도 그중 하나였다. 피난 생활을 하던 태극도 신도들이 모여 만든 감천마을은 동피랑처럼, 이화동처럼 세월을 간직하고 있었다. 도시의 다른 곳이 철거되고 높은 건물이 들어설 때, 이들 마을은 옛 모습을 그대로 간직하고 있었다. 그렇게 추억이 서려 있었고, 낮고 아름다웠으며, 낡고 불편했다.

낡고 불편했지만, 그로 인해 형성된 낮은 가격은 부자가 아닌 사람들도 대도시 부산에서 살 수 있는 기회를 주었다. 그러던 와중에 2009년 마을미술프로젝트 '꿈을 꾸는 부산의 마추픽추'가 추진되면서 벽화마을로서의 첫발을 내디뎠다. 이 프로젝트를 통해 낡고 불편함보다는, 낮고 아름다움에 더 주목하게 된다. 2010년 문화관광부지원 콘텐츠 융합형 관광협력사업 '미로미로 골목길 프로젝트', 행정안전부지원 '자립형 공동체 사업', 고용노동부지원 '사회적 기업 사회 개발 사업', 2011년 부산광역시 지원 '샛바람 신바람 프로젝

감천마을 전경. 그 안에서의 삶이 어떠할지 모르겠지만, 마을 전경은 아름답다.

트', 'Home my Home 프로젝트', '방가방가 프로젝트', 2012년 부산
광역시 지원 '산복도로 르네상스프로젝트'가 진행됐다. 같은 해 문
화체육관광부 지원 마을미술프로젝트에 한 번 더 당선이 되는 등 중
앙정부와 지방정부를 망라한 다양한 사업이 감천마을에 지원됐다.

　마을은 점점 더 아름다워졌고, 다른 마을에서 볼 수 없는 독특한
경관이 만들어졌다. 아름다움에 대한 입소문이 퍼져나가 관광객이
모이기 시작했다. 2011년 2만 5,000명의 관광객이 감천마을을 찾더
니, 2012년 9만 8,000명, 2013년 30만 4,000명으로 늘어났다. 2015
년 138만 명의 관광객이 몰려들더니, 2017년에는 200만 명을 넘어
섰다. 감천마을의 '아름다움'이 갖는 가치에 많은 사람이 동의한 것
이다. 그렇게 부산의 감천마을은 서울의 이화동, 통영의 동피랑과

함께 전국적으로 유명한 벽화마을이 됐다. 감천마을의 입구에는 이곳이 벽화마을임을 알리는 거대한 조형물이 세워졌다. 감천마을을 찾는 관광객의 60퍼센트는 외국인이다. 감천마을은 세계적인 관광지가 됐다.

이 세 곳의 마을은 전국 낡은 동네의 로망이 됐다. 좀 더 구체적으로 말하자면 낡은 동네에 '살고 있는' 사람들의 로망이 된 것이 아니라, 낡은 동네가 위치한 '지자체'의 로망이 됐다. 그들은 자신들의 동네에도 많은 관광객이 오기를 바랐다. 특별한 아이디어도 없고, 돈도 없는 상황에서 벽화가 그려졌다. 돈도 없고, 주민들이 딱히 원한 것도 아니니 그 벽화가 제대로 관리될 리 없었다. 전국의 100여 개의 벽화마을의 벽화는 그렇게 시간이 흐를수록 낡아가고 지저분해졌다. 벽화를 그려서 얻을 수 있는 것은 아무것도 없었다.

관광객이 많이 오던 서울의 이화동, 통영의 동피랑, 부산의 감천마을에도 문제가 생겼다. 너무 많은 관광객이 오면서 주거환경이 나빠진 것이다. 주민들은 그 전에는 편안하게 문을 열고, 동네 정자에 눕기도 하면서 지냈는데, 지금은 많은 사람이 집 앞까지 돌아다니니 편안하게 살 수가 없었다. 관광객은 거주민은 아랑곳하지 않고 카메라 셔터를 눌렀다. 밤늦게까지 찾아오는 관광객으로 인해 거주민들의 불만은 폭발했다. 주민들의 생활환경은 나빠졌지만, 주민들이 얻는 이득은 거의 없었다. 가게를 운영하는 일부 주민들과 벽화마을이 유명해진 후 외부에서 와서 가게를 연 사람들에게 이득이 집중됐다. 그 동네에서 거주하던 사람들은 불편해졌다. 참다못한 이화동 주민은 가장 유명한 벽화 두 개를 지웠다. 벽에는 붉은색 락카로 '주거지

에 관광지가 웬 말이냐, 주민들도 편히 쉬고 싶다'라는 글귀가 남았다.[6]

동피랑 마을의 대응은 달랐다. 벽화마을 조성 초기부터 주민들이 주도적으로 함께했던 동피랑에서는 관광객으로 인한 피해가 점점 커지자 주민들이 모여 대책을 마련했다.

2010년 밀려드는 관광객으로 인해 주거환경이 나빠지자 주민들은 모여 대책 회의를 열었다. 벽화마을 조성을 결정할 때부터 주기적으로 모여 마을 일을 함께 논의했던 동피랑 사람들에게 이런 회의는 익숙한 일이었다. 이날의 회의에서는 관광객으로 인한 주거환경의 악화가 안건으로 올랐다. 벽화는 마을의 철거를 막아냈지만, 생활환경을 악화시켰다. 이를 해결하지 않으면 마을은 지속 가능하지 않았다. 관광객으로 인한 불편함을 토로하는 한바탕 성토대회가 끝난 후 주민들은 대책 마련을 위한 이야기를 나눴다. 일곱 가구가 마을을 떠나겠다고 결정했다.

조용했던 동네가 시끌벅적해진 것이 나쁜 일만은 아니었다. 좋은 점과 나쁜 점을 잘 살펴 마을의 미래를 다시 생각하게 됐다. 일곱 가구가 떠나 생긴 빈집은 작가촌과 구판장, 매점으로 활용하기로 결정했다. 가장 높은 곳에 있던 집은 철거해 애초 동피랑 마을에 계획됐던 동성루를 만들었다.

동피랑 주민들은 관광객을 배척하는 것이 아니라, 그들과 함께 살아가는 길을 선택했다. 마을 곳곳에 이곳이 주거지임을 알리는 안내문을 세웠다. 구판장과 매점은 주민이 운영하게 됐다. 주민들에게 일자리가 생겼다. 이후 동피랑 협동조합을 만들었고, 조합을 통해 얻는 수익은 동피랑 주민 80가구가 현물로 나누고 있다. 많은 금액은 아니었지만, 마을의 변화와 그로 인해 마을 사람들이 겪는 불편의 대가를 마을 사람들이 함께 나누는 방식을 만들어낸 것이다.[7]

감천마을은 이화동과 동피랑의 사례를 참고할 수 있었다. 그리고 그들은 동피랑의 길을 따랐다. 감천마을에 벽화가 그려진 초기에는 이화동처럼 주민들의 참여가 그리 활발하지 않았다. 하지만 감천마을에 여러 가지 사업이 겹쳐지고, 사람들이 많이 찾아오게 되자, 이곳에서도 주민이 함께해야 한다는 문제의식이 생겨났다. 조금씩 주민 조직이 갖춰졌고, 아직 부족한 점이 있기는 하지만, 어떻게 해야 마을의 수익을 마을 사람들이 나눌 수 있는지에 대해 고민하기 시작했다.

2016년 폭발적으로 증가한 관광객 때문에 주민들이 불편을 겪자 마을 입장료를 받자는 의견이 대두되어 큰 논쟁이 붙었다. 사람이 사는 마을에 입장료를 받는 것은 그동안 상상할 수 없는 일이었다. 과연 그것이 정당한 일인지 논쟁이 일어났다. 현실적인 문제도 있었다. 마을을 통과할 때마다 마을 주민임을 일일이 확인받아야 하고, 가족이나 친구처럼 주민들을 만나기 위해 마을을 방문하는 사람들이 겪을 불편도 예상되었다. 입장료를 받자는 의견은 폐지되었고, 그 대신 마을 입구에 관광안내소를 설치하고 지도를 판매하기로 결정했다. 2,000원에 판매되는 마을지도는 적지만 주민들의 수익원이 됐다. 단체로 방문하는 사람들은 마을지도를 의무적으로 구입해야 했다. 마을이 유명해지자 전국에서 감천마을의 사례를 배우기 위해 찾아왔다. 이들을 안내하고 마을에 대해 설명해주는 해설사가 주민

주민이 운영하는 감천마을의 게스트하우스.

들 속에서 양성되었고, 해설 비용을 받게 됐다. 빈집 하나가 매입되어 게스트하우스로 운영되었다. 이 게스트하우스도 마을 주민이 운영했다.

주거지가 관광지가 되는 것은 예전에는 겪어보지 못한 일이었다. 마을 주민들도 깜짝 놀랐고, 마을을 찾는 관광객들도 에티켓이 없었다. 하지만 양쪽 모두 조금씩 적응해가기 시작했다. 감천마을의 주거환경에 많은 변화가 생기면서 감천마을을 떠나는 사람들도 생겼다. 감천마을은 전국적으로, 아니 세계적으로 유명해져서 수많은 관광객이 찾아오고 있지만, 주민의 수는 줄고 있다. 하지만 이를 꼭 마을이 관광지가 됐기 때문에 나타나는 부작용으로 생각할 수는 없다. 관광객이 주로 다니는 감천마을의 중심거리는 이미 관광지가 되었다. 그곳의 집은 가게로 바뀌었다. 집 자체가 줄었으니 주민등록이 된 거주민의 수는 줄었지만, 그곳에서 생활하는 주민의 수가 줄었다고 하기는 어렵다. 그리고 벽화 그리기로 시작된 마을 일은 점점 생활환경 개선에 대한 관심으로 확장되었고, 오랫동안 해결되지 못했던 문제를 해결하는 방식이 적용되었다. 마을길이 정비되고, 도시가스가 들어왔으며, 마을도서관과 마을회관이 생겼다.

감천마을에는 여전히 사람이 살고 있다. 사람이 사는 것을 신경쓰지 않던 관광객들도 조금씩 주민들을 의식하기 시작했다. 북적이는 사람들을 싫어하는 주민도 있지만, 큰길가에 있는 정자에 나와 하루 종일 지나다니는 관광객을 구경하는 할머니도 있다. 그렇게 마을은 변하고 있고, 그 변화에 적응하며 살아가고 있다.

이화동에도 변화의 바람이 불고 있다. 이화동의 매력이 알려지고, 그 매력에 동의하는 사람들이 늘어나면서 이화동으로 이사를 오거나 이화동에 가게를 여는 사람들이 늘어나고 있다. 새롭게 이주한 주민, 원래 있던 주민들 간에 갈등이 있기도 하지만, 함께 갈등을 풀어내고 마을 일을 고민하려는 움직임이 생겼다. 이 마을의 미래가 어떻게 될지는 알 수 없다. 이화동은 주민들에 의해 벽화가 지워진 이후 관광객의 발길도 줄어들었다. 줄어든 관광객을 반기는 사람도 있고, 이를 아쉬워하는 사람도 있다. 관광객이 절정에 달했던 2014년에 한 조사 결과를 보면, 관광객이 늘어나 생활환경이 나빠졌다고 말하는 주민들이 많았지만, 벽화는 계속되어야 한다는 의견이 더 많았다.[8]

결국 문제는 누가, 어떤 목적으로 벽화마을을 운영하느냐다. 그 마을에 살고 있는 주민들이 주도적으로 마을의 미래를 결정하고, 마을의 모습과 마을의 일을 결정할 수 있을 때, 문제를 해결할 수 있고 변화를 받아들일 수 있다. 그렇지 않을 경우 주민들은 외부의 힘에 의해 자신의 생활환경이 변화되고, 그로 인해 겪을 많은 일에서 수동적인 사람으로 남을 수밖에 없다.

이화동에서 벽화가 지워지고 동피랑에서는 그렇지 않았던 배경에는, 벽화마을 조성을 누가 결정했느냐라는 차이가 있었다. 동피랑 주민들도 벽화로 인해 고통을 받았다. 하지만 동피랑 벽화는 주민들의 선택에 의해 그려졌고, 그 책임의 일부는 주민에게 있었기 때문에 문제의 해결책도 주민에게서 나올 수 있었다. 이화동 벽화가 지워진 가장 큰 이유는 마을의 운명에 큰 영향을 미칠 '벽화마을 조성'을 결정하는 과정에서 주민들이 배제됐기 때문이며, 지금 조금씩 희망이 보이는 이유는 주민들이 마을 일에 주체적으로 나서기 시작했기 때문이다. 100여 개의 벽화마을의 벽화가 대부분 낡고, 폐허처럼 변하는 이유는 그곳에 벽화가 존재해야 할 이유가 애초에 없었으며, 벽화를 필요로 하는 주민도 존재하지 않았기 때문이다. 주민이 자신이 살고 있는 마을에 관심을 갖는 것, 마을 일에 주민이 참여하는 것, 자신이 살고 있는 마을을 조금씩이라도 살고 싶은 마을로 바꿔나가는 것은 매우 중요하다. 그런 주민들이 있는 마을에서는 사업의 본질을 찾아가려는 노력이 지속된다.

확산되는
주민 참여

1

　내 기억 속 첫 놀이터는 초등학교에 있었다. 학교 운동장 한쪽에
철봉이 있었고, 그 옆에 미끄럼틀, 시소, 뺑뺑이, 정글짐이 모여서 놀
이터가 됐다. 초등학교에 입학하기 전까지 나의 하루 일과는 놀고먹
는 것이었지만, 놀기 위해 일부러 초등학교에 있는 놀이터까지 가지
는 않았다. 구슬치기와 술래잡기는 길에서, 짬뽕과 축구는 공터에서
했다. 그때는 왜 그리 공터가 많았는지. 고속 성장기에 어린 시절을
보내서인지, 동네에는 건물을 짓는 공사장도 많았다. 요즘이라면 미
취학 아동이 공사장에서 노는 것은 상상하기도 힘들지만, 그때는 공
사장 규모가 작아서였는지, 안전에 대한 인식이 낮아서였는지, 공사
장에서 많이도 놀았다. 쌓아놓은 흙더미 위에 올라가서 놀다가 아저
씨들한테 쫓겨나기도 하고, 빨간 벽돌 하나를 주워다 길바닥에 갈고
돌로 빻아 소꿉놀이할 때 고춧가루로 쓰기로 했다. 동네에는 나처럼
놀거리를 찾아 여기저기를 기웃거리는, 남는 게 시간이고 하는 게

놀고먹는 일인 아이들이 많아서 집 밖에만 나가면 쉽게 친구를 만날 수 있었다. 그러니 그때는 놀이터가 꼭 필요하지는 않았다.

하지만 요즘에는 놀이터가 필요하다. 초등학교에 들어간 내 아이는 태권도 학원을 갔다가 집에 오는 길에 놀이터에 들른다. 아이들을 만나서 놀려면 놀이터로 가야 한다. 내가 어렸을 때는 길에서 만나건 어디서 만나건, 아이들은 언제나 놀 준비가 되어 있었다. 요즘 아이들은 바쁘다. 그러니 길에서 만난 아이의 대부분은 어딘가를 '가고' 있는 중이다. 하지만 놀이터에서 만나면 그 아이는 잠시 후에 어딘가를 '갈'지도 모르지만, 가기 전까지는 '놀 준비'가 되어 있다. 가끔 아무도 없어서 허탕을 칠 때도 있지만, 보통은 다른 아이들을 만나서 놀다 들어온다. 그런데 생각해보면 아주 조금 놀고 온다. 보통 30분, 길어야 1시간 정도? "왜 그렇게 빨리 들어와?"라고 물어보면 "다 갔어"라고 말한다. 하긴, 나도 놀이터에서 놀고 있는 아이를 데려가려고 불렀던 적도 많으니. 아이는 놀이터에서 때로는 남겨진 자가, 때로는 떠난 자가 된다.

'놀이터에 아이가 없다'라는 말을 쉽게 하지만, 아이를 키워본 입장에서 놀이터는 그래도 아이가 많은 곳이다. 단, 도시의 모든 공간이 그러하듯이 놀이터도 시간에 따라 풍경이, 그곳에 있는 사람이 변한다.

놀이터의 첫 손님은 어린이집에 가기 전 잠깐이라도 놀고 싶은 아이들과 부모들이다. 아이들은 그네를 몇 번 타고, 부모들은 인사와 정보를 주고받는다. 그러다가 어린이집 버스가 아이들을 태우고 사라지면 놀이터는 조용해진다. 잠시 인적이 드문 시간이 지나면,

유아차를 타거나 아장아장 걷는 아이를 데리고 나온 부모가 하나둘씩 나타난다. 오전 11시 정도가 되면 근처 어린이집에서 선생님들이 아이들을 데리고 나온다. 아이들은 열심히 놀고, 선생님들은 열심히 사진을 찍는다. '아이들이 이렇게 잘 놀고 있어요~'라는 증거물을 부모들에게 보여줘야 한다. 한낮의 놀이터는 좀 한가해진다. 초등학교가 끝날 시간이 되면 아이들이 몰려온다. 아이들은 학원에 가기 전까지 열심히 논다. 금방 떠나야 하니 정말 열심히 논다. (하긴, 금방 떠나야 하지 않아도 열심히 논다.) 학년에 따라 하교 시간이 다르니 한 무리의 아이들이 왔다가 떠나고, 또 한 무리의 아이들이 왔다가 떠난다. 낮의 놀이터는 잠깐씩 빌 때도 있지만, 계속 비어 있지 않는다.

그러다 저녁 시간이 되면 아이들은 집으로 들어간다. 밤에는 거의 비어 있다. 만약 밤에도 아이가 놀이터에서 논다면, 인근 주민들로부터 항의를 받을 가능성이 있다. '놀이터에 아이가 없다'라고 말하는 사람 중 많은 사람이 출근길이나 퇴근길, 또는 점심시간인 한낮에 놀이터를 보는데, 이때 놀이터는 거의 비어 있다. 그러니 '놀이터에 아이가 없다'라고 쉽게 말한다. 하지만 여전히 놀이터는 아이들에게 소중한 공간이다. 더 이상 골목과 공터와 공사장이 없는 아이들에게 더욱 그렇다. 놀 준비가 된 아이들을 만날 기회가 줄어들수록 그렇다. 놀이터는 어린이를 위한 공간이고, 어린이의 공간이지만, 어린이에 의해 만들어지지는 않았다. 어린이들은 자신들의 공간인 어린이 놀이터를 만드는 데 참여할 수 없었다. 이런 현실을 바꾼 것도 역시, 일군의 시민들이었다.

2

별다른 고민 없이 똑같은 놀이기구를 설치한 놀이터보다 더 좋은 놀이터는 없을까? 2006년은 이런 고민이 우리 사회에 조금씩 퍼지고 있던 시기였다. 그냥 앉아서 고민만 한 것이 아니라 현장에 실제로 적용하려는 노력이 이어졌다. 미술 단체인 '임옥상미술연구소'는 2004년부터 대웅제약의 지원을 받아 장애아와 비장애아가 함께 놀 수 있는 무장애놀이터를 만들고 있었고, 서울문화재단은 2005년부터 '문화놀이터사업'이라는 이름으로 놀이시설 설계를 공모해 아파트 단지에 적용했다. 하지만 이런 다양한 시도 속에서도 정작 어린이의 목소리를 들으려는 시도는 없었다.[1]

당시 한국토지공사도 놀이터에 관심이 있었다. 기업의 사회적 책임에 대한 목소리가 커지던 시절, 한국토지공사는 사회공헌 활동을 강화하면서 기존의 소외계층을 향한 활동 이외에도 토지공사의 업무와 관련이 있는 특색 있는 활동을 하고 싶어 했다. 오래된 놀이터 리모델링은 토지공사에 어울리는 사회공헌 활동이었다. 처음 이 일을 기획할 때, 토지공사는 환경재단과 함께 친환경적인 놀이터를 만들고자 했다. '친환경 어린이 놀이터 리모델링 사업'이라는 활동 명칭은 그렇게 만들어졌다. 3억 원의 기부금이 조성되었고, 토지공사가 30여 년 전에 택지개발한 두 곳의 오래된 놀이터가 대상지로 선정됐다.

하지만 동네 사람들의 추억이 담긴, 사람들과 함께 오랜 세월을 보낸 놀이터를 리모델링하면서 단순히 '친환경'적으로만 만들기에는 아쉬움이 있었다. 토지공사의 계획을 알게 된 커뮤니티디자인센터는 토지공사 측에 '기왕 리모델링을 할 것이라면 주민참여를 통해 해보자'라는 제안을 했다. 커뮤니티디자인센터는 걷고싶은도시만들기시민연대 회원 중 조경, 건축, 도시, 미술, 사회학 등의 업무나 학업에 종사하는 회원이 중심이 되어 만들어진 시민모임이다. 주민들이 적극적으로 참여해 공간을 디자인하는, '커뮤니티디자인'을 현장에 직접 적용하는 활동을 해온 단체였다.

놀이터 설계 전문가들이 와서 뚝딱뚝딱 만들 수도 있는 일을 '주민참여'를 통해 만들어야 한다고 제안한 데는 몇 가지 이유가 있다. 동네의 주인은 주민이라는 생각, 동네와 놀이터에 대해 가장 잘 알고 있는 사람들은 주민이라는 생각, 자기가 살고 있는 마을에 관심을 갖고 행동하는 사람들이 늘어난다면 이 활동이 살기 좋은 마을을 만드는 데 밑거름이 된다는 생각, 놀이터는 동네 사람이라면 쉽게 관심을 가질 만한 공간이었기 때문에 이 과정에 참여하는 것이 마을에 관심을 갖게 되는 좋은 계기가 될 수 있을 것이라는 생각이 그 이유였다.

커뮤니티디자인센터의 제안은 토지공사의 공감을 얻어 두 곳의 놀이터 중 한 곳은 '친환경'을 중심으로, 다른 한 곳은 '주민참여'를 중심으로 리모델링하기로 결정했다. 이는 놀이터 조성에 어린이를 포함한 주민이 적극적으로 참여한 첫 번째 사례가 되었다. 나는 그 활동의 총괄진행자로 함께했다.

대상지는 수원의 한 주택가에 있는 1990년에 만들어진 놀이터였다. 30년 가까이 된 이 놀이터는 놀이기구가 녹슬고 부식되어 아이들의 안전이 위협받고 있었다. 오래된 주택 밀집 지역이 그러하듯,

이 놀이터 주변에도 주차 공간이 부족해 놀이터 울타리를 따라 주차된 자동차가 가득했다. 놀이터 한쪽에는 노인정이 있어 놀이터는 아이들과 어른들이 함께 이용하는 공간이었다.

가장 먼저 할 일은 함께할 '주민'을 찾는 것이었다. 놀이터 주변을 돌아다니며 어린이가 모여 있을 만한 곳을 찾아다녔다. 주변의 어린이 이용 시설을 찾아다니며 놀이터 리모델링 과정을 함께할 것을 제안했고, 최종적으로 어린이집 한 곳, 태권도학원 한 곳, 미술학원 한 곳, 초등학교 한 곳이 참여하기로 결정했다. 어린이가 느끼는 놀이터에 대한 발표, 어린이 놀이 관찰 조사, 놀이기구 및 놀이 행태 선호도 조사, 어린이 스스로가 현재 놀이터를 평가해보는 어린이 놀이터 평가단, 종이로 만든 가짜 돈으로 자신이 원하는 시설(역시 종이로 된)을 구매한 후 스스로 놀이터를 재구성해보는 디자인 장터 등의 프로그램에 어린이들은 주체가 되어 참여했다.

놀이터의 현재 이용 상태와 리모델링 방향에 대한 지역 주민 설문, 면접 조사가 놀이터를 찾은 어른들, 주변 상인, 주민자치위원 등을 대상으로 진행됐다. 주민자치위원회는 마을의 공식적인 주민모임이었기 때문에 이들이 놀이터를 자주 이용하든, 이용하지 않든 함께하는 것이 중요하게 여겨졌다. 그렇게 400여 명의 주민을 만나며 4개월 동안 놀이터는 바뀌었다.

설계 방향을 잡기 위해서 어린이들의 의견을 잘 반영하기 위한 프로그램이 중심이 되었다. 그때까지는 어른들이 놀이터를 만들어주고 아이들은 그곳에 와서 놀 뿐이었다. 이곳에서는 달랐다. 아이들에게 참여할 기회가 생기자 아이들은 자신의 의견을 쏟아냈다. 설계는 그 의견을 바탕으로 이루어졌다. 인근 초등학교 어린이들을 대상으로 놀이기구와 놀이 행태에 대한 선호도 조사를 진행했을 때의 일이다. 오르기, 회전, 점프 등 10가지 놀이 행태에 총 76개의 놀이기구 사진을 아이들에게 보여줬고 아이들은 각각의 놀이기구 중 선호하는 놀이기구가 나오면 손을 들며 의사를 표현했다. 평범하지 않은, 흔히 설치되어 있지 않은 놀이기구를 볼 때마다 여기저기서 탄성이 흘러나왔다. 아이들은 기존의 놀이터에서 쉽게 볼 수 있는 놀이기구가 나올 때마다 야유를 보냈다. 특이한 놀이기구를 보면 그것들을 다 만들어달라고 아우성이었다.

현장에서는 아이들이 직접 놀이터의 장단점들을 표시했다. 새로운 놀이기구 사진을 가지고 놀이터를 재구성해보기도 했다. 아이들의 욕구를 눈으로 확인한 설계팀에서는 설계 방향을 서서히 잡아나가기 시작했다. 아이들은 점점 새로운 놀이터에 관심을 갖게 됐다.

사실 아이들이 실제로 한 일은 그리 큰일이 아닐 수도 있다. 아이들은 어른들이 만들어온 화면을 보고 무엇이 좋은지, 무엇이 싫은지 손을 들었을 뿐이다. 아이들은 놀이터를 돌아다니면서 '여기 바꿔주세요', '여기는 좋아요'라고 스티커를 붙였을 뿐이다. 아이들은 가짜 돈 1만 원을 가지고 가짜 놀이기구를 사서 패널에 붙였을 뿐이다. 그 소소한 시도의 성과는 무엇일까? 그 작은 참여로도 아이들은 자신이 놀이터를 만드는 데 일조했다고 생각한다. 그렇게 해서 만들어진 놀이터는 누가 와서 만들어준 놀이터와는 다른 의미를 갖는다. 동네 사람들은 아이들을 통해 어린이 놀이터가 리모델링된다는 사실을 알았다. 아이들은 훌륭한 전달자이자 확산자였다. 놀이터에서 뭔가 하고 있다는 소문이 동네에 퍼지면서 놀이터 리모델링은 동네의 관심사가 되었다. 주민 의견을 수렴하는 과정에서 예정보다 일정이 늦어지자 많은 주민이 '왜 공사가 이루어지지 않느냐', '무슨 문제가 있느냐'라며 물어 오기 시작했다. 공사 기간에는 많은 주민과 아이들이 공사 현장을 수시로 기웃거렸다. 아이들의 관심은 대단했다. 자신들의 생각이 어떻게 반영되는지 궁금해했다. 예전의 놀이터와는 다를 것이라는 기대감이 아이들 사이에 퍼졌다.

아이들이 참여한 놀이터 리모델링은 동화처럼 예쁜 과정을 거치진 않았다. 아무에게도 묻지 않고 행정과 전문가들이 일방적으로 만들었으면 나오지 않았을 의견 대립이 조성 과정에서 표출됐다. 놀이터 리모델링을 할 때 주민 의견을 들어야 한다면, 누구의 의견을 들어야 할까? 가장 쉽게 주민을 만나려면 주민센터를 찾아가면 된다.

참여의 기회가 생기자 아이들은 자신의 의견을 쏟아냈다.

하지만 주민센터를 찾아가서 주민 의견을 듣고 싶다는 말을 꺼내면 가장 먼저 시의원과 주민자치위원을 만날 가능성이 높다. 하지만 그들의 의견이 주민들의 의견을 대표한다고 할 수 있을까? 그럴 수도 있고, 그렇지 않을 수도 있다.

수원의 놀이터에서 기존 울타리를 허물 것인가 말 것인가를 두고 주민의 의견이 갈린 적이 있었다. 놀이터를 둘러싸고 있는 울타리를 없애는 것이 좋을까, 그냥 놔두는 것이 좋을까? 답은 '상황에 따라 다르다'다. 울타리를 치면 권위적이고 접근성이 떨어지는 것이고, 울타리를 걷으면 개방적이고 세련된 것일까? 그렇지는 않다.

그 놀이터에서 아이들과 함께 놀아보지 않은 일부 주민자치위원들은 자신들의 지식과 생각에 따라 놀이터의 울타리를 허물어줄 것을 요구했다. 자고로 놀이터는 사방에서 아이들이 접근할 수 있어야 한다는 것이 그들의 의견이었다. 일면 맞는 이야기 같다. 주민자치위원의 의견을 수렴해 울타리를 없앴다면, 주민참여를 제대로 한 것일까?

결과적으로 울타리를 없애지 않았다. 주민자치위원들은 울타리를 허물기를 원했지만, 실제 놀이터를 이용하는 어린이와 부모들은 울타리가 필요하다고 말했기 때문이었다. 놀이터 리모델링을 위해 만난 400여 명의 주민 중 대부분은 어린이, 어린이의 학부모, 주변에 살고 있는 주민들이었다. 이들을 만났기 때문에 주민자치위원들의 의견이 진정한 주민의 의견이 아닐 수도 있다는 생각을 할 수 있었다. 기존의 공청회가 형식적인 절차에 머물렀던 것처럼, 주민참여를 통해 설계를 하는 것도 제대로 하지 않으면 형식적인 절차가 될 수 있다. 그냥 쉽게 만날 수 있는 주민자치위원들의 의견만을 반영한다면, 그것도 형식적인 주민참여에 머물고 만다. 울타리에 대한 의견이 그랬다.

어린이들이 좋아하는 것에는 파란색 스티커를, 싫어하거나 없앴으면 하는 것에는 빨간색 스티커를 붙이는 '어린이 놀이터 평가단'이라는 프로그램이 있었다. 이 프로그램에서 어린이들이 빨간색 스티커를 가장 많이 붙인 것이 놀이터 주변에 주차되어 있는 자동차였다. 자동차들은 아이들과 운전자들의 시야를 가로막아 놀이터를 출입하는 아이들의 안전을 위협하고 있었다. 이러한 상황이 개선되지 않은 상태에서 놀이터의 울타리를 없애는 것은 아이들의 안전에 큰 위협이 되는 일이었다.

또 놀이터 현장에서 진행했던 어른 대상 설문, 면접조사에서도 울타리는 그대로 놓는 것이 좋다는 의견이 많았다. 역시 안전이 문제였다. 이는 그곳의 상황을 잘 아는 주민이 아니면 알 수 없는 문제였다. 울타리를 없앨 것을 주장하던 주민자치위원들은 울타리를 원하는 주민들의 의견을 전달한 진행팀의 말에 수긍하고 생각을 바꾸었다.

주민참여의 맹점 중의 하나가 주민 중 일부의 의견만을 듣고 그것을 주민 의견이라고 생각한다는 것이다. 주민의 의견은 매우 다양하다. 또 상황에 따라서 그 가운데 더 많이 고려되어야 할 의견도 있다. 시의원이, 주민자치위원이 주민의 의견을 대표할 수 있다면 좋겠지만 현실은 그렇지 않다. 진짜 주민의 의견을 알고 싶다면 만나기 편한 주민만을 만나는 것이 아니라 다양한 주민, 실제 그곳에 많은 영향을 미치거나 많은 영향을 받고 있는 주민들을 만나야 한다. 그리고 갈등은 표출될 때 해결된다.

예산은 한정되어 있다. 공간도 한정되어 있다. 이해당사자는 다양하다. 의견은 다양할 수밖에 없고 충돌할 수밖에 없다. 1억 5,000만 원이라는 예산은 기부금으로는 굉장히 크지만 놀이터를 리모델링하기에는 매우 부족한 금액이다. 수원의 놀이터 리모델링에서는 이 비용을 어느 쪽에 쓰느냐를 놓고 주민 간의 의견이 달랐다. 어린이 놀이기구가 있는 장소를 중심으로 더 멋있고 색다른 놀이터를 만드는 데 돈을 쓰자는 쪽, 놀이터 전체를 바꾸는 데 써야 한다는 쪽, 노인시설을 더 많이 만들어야 한다는 쪽 등 다양했다. 이러한 의견을 수렴하고 조정하는 과정 속에서 공사 일정도 조금 늦춰져야만 했다. 주로 어린이를 자녀로 두고 있는 주민들은 어린이 시설 확충을 원했고, 주민자치위원들은 놀이터 전체를 바꾸길 원했다. 그러다가 서로 만남의 시간을 지속적으로 가지면서 해결 방안을 모색하기 시작했다. 아이들이 색다른 우리 동네만의 놀이터를 너무도 원한다는 사실에 어른들도 움직이기 시작했다. 논의 과정에는 주민과 사업 진행팀만 있었던 것이 아니라, 주민센터와 구청의 공원 담당자도 있었다. 이렇게 함께하는 과정 속에서 이번 공사에서는 어린이들을 위한 시설에 좀 더 중점을 두고 다음 해 봄, 구청에서 예산을 편성해 평상과 운동기구를 설치하기로 했다.

어느 곳이든 갈등은 존재한다. 갈등이 존재하지 않는다는 것은 관심이 없다는 말과 같다. 특히나 다양한 사람이 모여 사는 도시 속에서 주민들 사이의 갈등은 당연한 일이다. 문제는 그것을 어떻게 해결하느냐다. 갈등을 발전과 이해의 계기로 삼을 것이냐, 반목과 대립으로 만들 것이냐.

놀이터 리모델링 과정 속에서도 주민들은 서로 다른 의견을 내보이며 때때로 갈등했지만 슬기롭게 해결 방안을 찾아갔다. 서로를 이해하는 계기도 되었다. 다양한 입장에 서 있는 주민들이 함께 참여했기 때문에 문제가 더 잘 해결되었을 수도 있다. 만약 놀이터 리모델링을 하면서 주민의 의견을 듣지 않고 어린이 시설 위주의 리모델링을 했다면, 조용히 별 탈 없이 예쁜 놀이터 하나 만들 수 있었을 것이다. 그런데 문제가 잠복해 있을 뿐 해결되지는 못했을 것이다.

도시 속에서 정주 개념은 점점 희박해지고 있다. 자고 일어나면 저만큼 달아나 있는 집값을 볼 때마다, 집을 나와 내 아이가 살아갈 공간으로 보기보다는 재산 증식의 수단으로 여기는 경우가 많다. 맞벌이를 하지 않으면 아이를 키우기 힘든 환경은 자신이 살고 있는 마을에 관심을 가질 여유를 빼앗아 가기도 한다. 동네일은 나라에서 알아서 잘 좀 해줬으면 싶다. 그러나 이것만은 분명하다. 아무리 행정이 훌륭한 서비스를 제공한다 해도 내가 살고 있는 동네에 관심을 갖고 움직이려는 주민이 많은 곳이 좀 더 살기 좋은 마을이 될 수 있다는 것이다.

놀이터 리모델링 사업에 참여한 주민 중에는 몇 시간씩 시간을 내서 아이들과 함께할 프로그램들을 고민한 주민도 있고, 잠깐 동안 설문지에 답변만을 체크한 주민도 있다. 대부분의 주민은 동네일에 처음 참여해본 사람들이었다. 그들은 작지만 참여를 경험했고, 참여의 결과물을 눈으로 확인할 수 있었다. 그 모든 과정과 결과물을 통

도롱뇽 모양을 한, 높낮이를 가진 놀이터가 만들어졌다. 마을의 추억과 역사를 이어가기 위해 기존 놀이기구를 재활용했다. 2006년의 일이다.

해 동네에 애정을 갖는 주민이 늘었으면 하는 것, 동네일에 적극적으로 목소리를 내는 주민이 늘었으면 하는 것, 주민참여의 소중함을 많은 사람, 행정, 기업들이 알 수 있는 계기가 되었으면 하는 것, 그것이 그해 가을 내가 가졌던 바람이다.

3

우리나라에 시민사회단체가 많이 만들어진 것은 1990년대 초반이다. 다양한 목소리를 내는 시민사회단체가 1990년대 초반에 만들어진 이유는 민주화와 관련이 있다. 1987년 대통령 직선제가 이루어지면서 우리 사회의 형식적 민주주의가 시작되었다. 민주화 이전에도 환경, 교통, 여성, 인권, 소비자와 같은 주제는 우리 사회의 중요한 의제로 충분히 다뤄질 만했지만, 이러한 의제가 시민사회에서 다뤄지기 위해서는 '민주주의'라는 기본 조건이 필요했다. 사람들이 자신의 목소리를 제대로 내지 못하는 상황에서 환경이니, 교통이니,

여성이니, 인권이니, 소비자니 하는 말들은 공허했고, 그런 의제를 제대로 다루는 것 자체도 가능하지 않았다. 그러니 1990년대 초반에 들어서야 우리 사회의 다양한 의제에 대한 토론과 행동이 나타난 것은 충분히 이해할 만하다. 그러던 중에 우리 도시에 주민참여 운동이 시작됐다.

도시공간의 주인은 그곳에 살고 있는 주민이지만, 그동안 주민들은 도시공간을 조성하는 의사결정 과정에서 배제되었다. 공청회나 설문조사 같은 절차가 있긴 했지만 형식에 그치는 경우가 많았고, 어린이 놀이터같이 작지만 주민들의 삶과 밀접한 공간에서는 그마저 없는 경우가 많았다. 그런 도시에 변화가 일어났다.

우리나라 도시공간 조성에 본격적으로 주민참여 설계가 적용된 사례로는 1998년 서울 사당동의 양지공원이 꼽힌다. 설계를 맡은 서울대학교 김성균 교수팀은 1998년 1월부터 7월까지 8차에 걸친 주민 및 학생 워크숍을 진행했다. 인터뷰, 카드게임, 대상지 걷기, 설문 분석 등이 이어졌다. 참여 인원은 주민 12명과 사당중학교 학생 42명, 구청 및 주민센터의 담당 직원 각각 2명, 전문가 그룹으로는 김성균 교수팀 5명, 조경설계회사 직원 1명이었다. 주민참여에 의한 설계는 더 많은 사업 기간과 비용을 요구한다. 실제로 양지공원의 경우도 일반적인 설계 과정보다 2~3개월의 시간이 더 필요했다. 비용과 시간을 더 들이더라도 주민과 밀접한 관련이 있는 도시공간을 주민참여 과정으로 설계했을 때 얻을 수 있는 장점이 존재한다. 김성균 교수는 「주민참여에 의한 마을마당설계」라는 논문을 통해 그가 생각하는 주민참여 설계의 장점을 다음과 같이 소개했다.

주민참여 설계의 의의는 설계 과정에서 더 많은 주민이 만족할 만한 설계안을 도출하고, 참여 설계를 통하여 주민들 간의 대화 및 공동체 의식을 형성하고, 주민들의 장소에 대한 '애착심' 및 '주민의식'을 형성할 수 있다는 점이다. 설계 과정에서 주민들 간의 의견이 조율되기 때문에 시행 과정에서 그만큼 민원이 줄어들게 된다. 또한 다 만들어진 후에는 주민들에 의한 유지·관리로 관리의 효율화 및 관리비의 절감을 가져올 수 있으며, 주민들의 관심의 증대로 공간의 활용성 증대와 범죄 및 기물파손을 예방할 수 있는 장점이 있다… (중략) 양지공원은 원래 주차장을 만들려고 구청에서 계획하였던 곳이었는데 주민들이 힘을 합하여 공원으로 바꾸었다. 이곳에는 설계에서 시공까지 주민들의 관심이 쏟아져 있다. 따라서 양지공원은 서울시 어느 다른 마을마당보다도 더욱 주민들이 많이 이용하는 공원이며 주민들의 마음속에 남아 있는 곳이다.

오늘도 설계에 참여하였던 할아버지는 빗자루를 들고 바닥을 쓸며, 불량 청소년들을 쫓아내고 계시며, 어린이 놀이터를 자기 집 앞에 두지 않겠다고 서로 싸우던 주민들을 서로 대화를 통해 해결한 것을 주민 대표 아저씨는 뿌듯하게 생각한다.

21세기의 우리 주변 공간들은 그 속에서 살고 있는 주민들에 의해 만들어지고 관리되어야 한다. 세계적으로 여러 나라에서 이미 여러 해 전부터 주민참여 설계방식으로 주변 환경을 설계하고 있으며, 이러한 방식이 당연한 것으로 받아들여지고 있다. 과거에는 우리 마을의 공유공간들은 주민들에 의해 가꾸어지고 관리되어왔다. 아무도 관청에서 우리의 골목을 청소해달라고 기대하지 않았다. 이러한 우리의 좋은 옛 정신을 되찾기 위해서라도 때늦은 감이 있지만 주민참여에 의해 우리의 환경을 가꾸어가야 할 것이다. 이러한 시도가 더욱 우리의 외부 환경을 살기 좋고 지속 가능하게 할 것이다.[2]

4

새로운 제도를 적용할 때 처음부터 전면적으로 실행하기는 쉽지 않다. 그럴 때 나타나는 부작용과 세금의 낭비가 우려되기 때문이다. 그래서 우리 도시에서는 다양한 이름의 '시범사업'을 통해 새로운 제도의 적용을 실험해보기도 한다. 그리고 많은 경우, 시민사회에서 시작된 작은 규모의 자발적인 활동이 새로운 제도의 싹을 틔우기도 한다. 도시공간 조성에 주민이 적극적으로 참여하는 제도는 시민사회의 활동에서 출발해 제도화가 된 대표적인 사례. 커뮤니티 디자인센터 회원들의 활동으로 주민참여를 통해 놀이터가 조성되는 것이 눈으로 확인되면서 놀이터 조성에 대한 주민참여는 급속히 확산됐다. 한국토지공사는 자신들의 사회공헌 사업의 명칭을 여전히 '친환경 어린이 놀이터 리모델링'이라고 했지만, 첫해 이후 모든 어린이 놀이터 리모델링에 '주민참여'를 필수로 넣어 10여 개 이상의 놀이터를 다시 만들었다. 2008년부터 3년여 동안 진행된 서울의 상상어린이공원 조성사업은 300여 개소의 놀이터를 만들면서 주민참여를 필수 과정으로 넣었다. 시민들의 시도로 시작된 주민참여는 점차 제도화되고 상식이 되어갔다.

서울대 김성균 교수팀의 양지공원 사례는 최초의 주민참여를 통한 공원 조성 사례로 당시 관련 업계에 신선한 충격을 주었다. 하지만 이어진 시민들의 활동이 없었다면 '주민참여'는 일회성 활동으로 끝났거나 제도화되는 시기가 한참 늦어졌을 것이다. 일군의 시민은 더 많은 양지공원을 만들었다. 그들은 주민참여를 통한 도시공간 조성이 가능함을 현실에서 증명해 보였다. 그중에는 수원의 놀이터를 만들었던 커뮤니티디자인센터 회원들이 있었다.

2001년 커뮤니티디자인센터에 모인 시민들은 주민들이 적극적으로 참여해 공간 디자인을 하는 '커뮤니티디자인'에 관심이 있었다. 그동안 우리나라에 커뮤니티디자인의 사례가 거의 없었기 때문에 처음에는 공부 모임으로 시작했다가 이를 우리 도시에 적용해보기로 했다. 한평공원만들기는 주민들의 생활환경 주변에 버려져 있거나 효율이 떨어진 자투리 공간을 찾아내, 그 공간을 주민참여를 통해 작은 공원으로 만든 활동이었다. 말이 공원이지 아주 작은 부지나 벽면만을 활용하는 경우도 있었다. 하나의 한평공원을 만드는 데 500만 원에서 1,000만 원 정도의 비용이 들었다. 비용은 처음 3년간은 서울시의 거버넌스 조직인 녹색서울시민위원회의 시민공모사업을 통해 조달했고, 이후 7년간은 신한은행의 기부로 마련할 수 있었다. 각각의 한평공원 만들기는 여러 사회적·지역적 의미를 담아내고 있지만, 이 꼭지 주제인 '도시공간 조성에서의 주민참여'에 한정 지어보았을 때 우리 사회에서도 주민참여를 통한 공간 조성이 가능함을 증명하고 널리 알리는 역할을 했다는 데 큰 의미를 갖는다. 각각의 한평공원이 조성된 방식은 다르지만, 역시 도시공간 조성에서의 주민참여를 중심으로 한 한평공원 만들기의 과정은 다음과 같이 요약할 수 있다.

1. 생활환경 주변에 버려져 있거나 효용이 크게 떨어지는 자투리 공간을 찾는다.
2. 이 공간에 대해 주민들은 어떻게 생각하고 있는지 의견을 묻고, 또 전문가의 시각으로 공간의 의미와 역할을 찾는 조사 과정이 진행된다.
3. 마을의 커뮤니티 활동에 대해 조사한다.
4. 위의 조사 결과를 바탕으로 주민참여 프로그램을 진행한다.
5. 조사 결과와 참여 프로그램 결과를 바탕으로 장소를 디자인한다.
6. 만들어진 디자인을 주민과 나눈다.
7. 주민의 의견에 따라 디자인을 수정한다.
8. 수정된 디자인을 다시 주민과 나눈다.
9. 또 다른 의견이 나온다면 반영하고, 주민이 합의하면 시공 단계로 넘어간다.
10. 주민과 함께하는 시공을 한다.
11. 완공 후 함께 만든 사람들이 모여 한평공원 조성을 자축한다.
12. 완성된 한평공원을 주민들이 이용하고 가꾼다.

50여 개의 한평공원이 만들어지면서 많은 사람이 직간접적으로 도시공간 조성에서의 주민참여를 경험했다. 도시공간 조성에 주민이 적극적으로 참여한 사례가 부족한 우리 도시에서 한평공원 만들기는 주민참여가 할 만하다는 사실을 입증했다. 크지 않은 대상지,

실패해도 크게 부담되지 않는 적은
예산, 작은 대상지와 적은 예산에
걸맞은 주민들의 자발적이고 작은
참여, 생활에 밀접한 공간, 이미 버
려지거나 잘 쓰이지 않은 공간이었
으므로 한평공원 조성에 지역주민,
공무원을 비롯한 참여자들이 호의
적인 태도를 기본 장착한 점 등은
주민참여를 처음 해보는 사람들의
'첫 경험'에 적합했다. 이는 시민단
체 활동가에게도, 주민에게도, 공
무원에게도, 전문가에게도 마찬가
지였다. 작은 공간이었지만 주민참

주민참여를 통해 만들어진 한평공원의 모습.
전과 후.

여를 통한 공간 조성이 가능함이 알려졌고, 이후 그리고 동시에 다
양한 단체와 행정을 통해 주민참여가 확산됐다. 환경운동단체인 생
명의숲은 도시숲 운동을 하면서 주민과 함께했다. 서울시는 상상
어린이공원, 창의어린이놀이터 사업을 하면서, '찾아가는 동사무소'
사업에서 주민이 활용할 공간을 만들면서, 주민참여 과정을 제도화
했다. 그렇게 서서히 도시공간 조성 과정에 주민참여는 제도화됐다.
　도시에서 주민들의 목소리가 반영될 여지가 만들어졌다. 한 무리
의 시민들이 꿈꿔오던 주민참여의 제도화는 이제 현실이 되었다. 일
방적으로 받아들이길 강요받던 것에서, 시민이 적극적으로 참여해
자신의 목소리를 반영할 수 있는 제도적 기반이 마련되어갔다. 하지

만 현실은 그렇게 녹록하지만은 않다. 꿈꾸던 제도가 만들어졌다고 해서, 그것이 생각대로 작동하지는 않는다. 시민들이 만들어가는 도시가 되기 위해서는, 시민들의 참여를 가로막는 것들을 제거해야 한다. 모든 구조를 그대로 둔 채, 하나의 제도만을 바꾸어서 가능한 일은 별로 없다. 만들어진 제도가 제대로 작동할 수 있도록 하는 것은 시민의 역할로 남았다.

10

어느 날 도시 한복판에
땅이 생긴다면?

1

지금은 부산시민공원이 된, 부산시 범전동과 연지동 일대, 부산 시내 한복판 54만 제곱미터의 넓은 땅은 오랫동안 시민의 출입이 금지된 곳이었다. 1910년대 토지조사사업으로 일제의 소유가 된 이 땅은 1930년대에 경마장이 되었다. 1937년 중일전쟁, 1941년 태평양전쟁을 거치면서 이 부지는 일본군이 주둔하는 곳이 됐다. 일본군 기마부대의 훈련 장소로, 군수물자 수송의 안전을 담당하는 병참경비대의 주둔지로 땅이 사용됐다. 태평양전쟁 초기, 동남아시아 일대의 전투에서 승리를 거둔 일본군은 많은 연합군 포로를 생포했다. 일본군은 급격히 늘어난 포로를 감시할 사람들로 조선인을 모았다. 어떤 이들은 한 달에 50엔을 벌 수 있는 기회를 찾아, 어떤 이는 징병을 피하기 위해, 어떤 이는 모집에 응하지 않으면 식량 배급을 멈추겠다는 협박에 포로감시원에 지원했다. 1942년 6월, 3,223명의 조선인 청년들은 부산의 이 땅에 모여 포로감시원이 되기 위한 훈련

을 받고, 동남아시아의 포로수용소로 보내졌다.[1]

거듭되는 승리에 일본군이 차지하는 지역은 점점 넓어졌다. 이곳을 지키기 위해 많은 군수물자가 필요했다. 포로감시원 훈련생이 떠난 부산의 그 땅에는 일본군의 군수품이 쌓였다. 군수품은 일본군이 싸우고 있는 태평양의 전장으로 보내졌다. 하지만 아무리 많은 군수품이 보내져도, 그 넓은 지역을 계속 지키기에는 모자랐다. 반면 전쟁터와 한발 떨어져 있던 미국은 산업과 기술의 역량을 모아 전함, 전투기를 대량으로 공급할 수 있었다. 전쟁은 점점 연합국에 유리하게 흘러갔다. 1945년 미국은 일본의 주요 도시에 대대적인 폭격을 가했지만, 일본은 항복하지 않았다. 1945년 8월 6일, 히로시마에 리틀 보이Little boy가, 8월 9일에는 나가사키에 팻 맨Fat man이 투하됐다. 6일 후인 8월 15일 낮 12시, 일본의 쇼와 일왕은 무조건적인 항복을 선언했다. 대한민국은 해방을 맞았다. 그리고 미군이 들어왔다.

1945년 9월 9일, 주한 미육군사령관 존 하지John R. Hodge 중장은 아베 노부유키阿部信行 조선총독으로부터 정식으로 항복문서를 접수했다. 그리고 1주일 후, 미 제6군사단이 부산의 일본군부대를 접수했다. 미군은 1년 동안 옛 일본군부대에 주둔했다. 미군이 떠난 후 그 자리는 미 영사와 유엔기구의 자리가 됐다. 그리고 한국전쟁이 일어났다.

북한군의 기습 남침으로 남한은 순식간에 점령됐다. 부산은 최후의 보루가 됐다. 다시 미군이 이 땅에 들어왔다. 1950년 9월 16일, 인천상륙작전의 성공으로 전세가 역전됐다. 남한군과 유엔군은 승리를 거듭하며 북한군을 압록강 근처까지 몰아넣었다. 통일이 눈앞에 온 그 순간 중공군이 개입했다. 흥남철수와 1·4후퇴로 대표되는 철군의 시기를 지나, 다시 전열을 가다듬어 지금의 휴전선 인근에서 일진일퇴의 공방이 거듭됐다. 2년여의 협상 끝에 1953년 7월 27일, 마침내 휴전협정이 맺어졌다. 휴전 후 부산의 그 땅은 한국전쟁 전사자와 부상자 교환을 위한 장소로 쓰이다가 미군의 주둔지로 확정되고, 초대 사령관의 고향 이름을 따 '하야리아 부대'로 불리게 됐다. 불행한 역사 속에 수십 년 동안 외국 군대의 주둔지가 되어 시민의 출입이 금지되었다.[2]

부산의 시가지는 점점 확장되어 하야리아 부대는 시내 한복판에 자리하게 됐다. 도심 속 섬처럼 위치한 그 땅은 부산의 도시구조를 왜곡시켰다. 부산시민들은 외국 군대에 내주어 100년 가까운 시간 동안 시민의 출입이 금지된 하야리아 부대를 되찾고 싶었다. 1993년 부산시는 도심 균형발전과 시민생활 불편을 이유로 하야리아 부대를 이전해달라고 국방부에 요청했다. 1995년에는 부산 지역 30여 개의 시민단체가 모여 '우리 땅 하야리아 되찾기 시민대책위원회'를 만들면서 시민의 접근이 금지된 땅이 시내 한복판에 있고, 이를 되찾아 시민의 공간으로 만들 수 있음을 상기시켰다. 시민대책위가 만들어지고 활동을 시작하면서 하야리아 부대 반환은 부산 지역 주요 이슈로 떠올랐다. 이후 부산 시민, 부산시의 오랜 노력과 미군의 전략적 필요성이 겹치면서 2004년 7월, 미군은 하야리아 부지를 반환하기로 결정한다.

땅을 반환받는 것도 중요하지만, 그 땅을 어떤 용도로 사용할 것인가도 매우 중요했다. 시내 한복판에 있는 하야리아 부대에는 아파트를 지을 수도 있었고, 상업시설을 만들 수도 있었다. 시민들은 별다른 공원을 갖지 못한 부산의 현실을 돌아봤다. 부산은 다른 광역시와 비교해보았을 때 시민 1인당 공원 면적이 절반 정도에 불과했다. 그나마도 구릉에 위치한 공원이 많고 넓은 평지 공원은 없었다. 부산시민들은 하야리아 부대가 공원이 되기를 원했다. '우리 땅 하야리아 되찾기 시민대책위원회'는 '하야리아 부지 시민공원 추진 범시민운동본부'로 전환했다.

공원을 만들기 위해서는 두 가지 문제를 해결해야 했다. 하나는 도시계획상에 공원을 만들 수 있도록 땅의 용도를 결정하는 것이었고, 또 하나는 재원을 마련하는 것이었다. 부산시와 시민들은 힘을 합쳐 이 문제를 해결해나갔다.

정부는 하야리아 부지를 부산시가 매입해야 한다고 주장했다. 하지만 부산시가 그 넓은 땅을 부산시의 돈으로 매입한다면, 매입 비용 때문에 넓은 공원을 만들 수가 없었다. 상업 개발을 하든, 아파트를 짓든, 부지의 상당 부분을 개발해야 매입 비용을 충당할 수 있었다. 부산시는 무상 양여를 주장했다. 주장의 근거로 오랫동안 해당 부지를 사용하지 못함으로 인해 부산시민이 지불한 기회비용을 계산해 제시했다. 조사 결과 부산시민 1인이 1년간 공원 이용을 위해 지불할 의사가 있는 지불 의사액이 4,976원으로 나왔다. 따라서 부대 존속 기간인 51년으로 계산했을 때 기회비용 상실분이 4,521억 원이 나와 땅값 3,000억 원보다 높다는 주장이었다. 그리고 국가안보 차원에서 부대가 사용된 점, 주둔 부지에 대해 지방세가 걷히지 않은 점, 도시구조 왜곡으로 비용이 발생한 점 등을 이유로 들었다.

시민들은 무상으로 부지를 부산시에 줘야 한다는 입장의 규탄 성명을 내고 신문광고를 실었다. 인간띠 잇기 대회를 추진하고 부산시와 힘을 합쳐 공동 대응에 나섰다. 2005년 10월에는 시민 152만 명의 서명을 받은 서명지를 정부에 전달하기도 했다. 이런 시민들의 노력은 2006년 3월 '미군기지 이전지역에 대한 지원 특별법'의 제정으로 이어졌고, 최종적으로 부지 매입 비용은 국가 70퍼센트, 지자체 30퍼센트를 부담하기로 결정됐다.

이 특별법의 원안에는 독소조항이 하나 있었다. 국방부가 요청한다면 건설교통부장관이나 해당 지자체장은 반환되는 기지의 용도를 변경해야 한다는 것이었다. 즉, 국방부가 반환되는 기지의 용도를 고층 상업빌딩을 지을 수 있도록 변경해달라고 요청할 경우 지자체는 그에 따라야 한다. 이는 도시에 새로 생기는 넓은 공간의 용도를, 단지 국방부가 부지를 비싸게 팔기 위해 마음대로 결정할 수 있다는 내용이었다. 부산시와 시민단체들은 이 조항의 부당성에 문제를 제기하고, 앞으로 미군부대의 반환이 예상되는 타 지자체와 공조하면서 이 조항의 삭제를 이끌어냈다.

시민들의 노력은 공원을 설계하는 과정까지 이어졌다. 문화예술, 사회복지, 시민단체, 정치, 행정 등 분야를 망라한 전문가로 구성된 하야리아공원포럼이 만들어졌다. 이 포럼은 공원의 조성 방향, 공원과 부산시의 관계, 시민들의 역할 등에 대해 논의했다. 매월 한 차례씩 열린 이 포럼을 통해 철거될 뻔한 하야리아 부지 내 중요한 건물들을 살려내기도 했다. 부산시민공원의 설계를 맡은 제임스 코너James Corner는 설계 초기 단계에서는 부지와 건축물의 역사성을 배

부산시민공원이 된 하야리아 부대. 공간의 장소성이 남아 있다.

제했으나, 시민들의 의견을 들으며 역사성을 재인식할 수 있었다고
말하기도 했다.

부산시는 실시설계 단계에서 시민의 의견을 좀 더 반영하기 위해
하야리아 부대를 임시 개방하기도 했다. 시민이 해당 부지를 들어가
보지도 못한 상태에서 공원에 대한 의견을 내는 것은 불가능한 일이
었기 때문이다. 2010년 1월부터 10월까지, 13만 8,139명의 시민이
임시 개방 기간에 하야리아 부대를 방문했다. 시민들은 공원 조성
과정에서부터 해당 부지의 장소성을 체감하고 함께 공원을 만들 수
있었다. 그리고 2014년 5월 1일, 하야리아 부대는 부산시민공원이
되었다.[3] 100여 년간 시민의 접근이 금지된 땅이 시민의 공원으로
되기까지, 부산시민들의 오랜 노력이 있었다. 그리고 시민들을 기다
리고 있는 땅은 전국 각처에 남아 있다. 내가 살고 있는 인천의 시내
한복판에서도 비슷한 일이 일어났다.

부평역과 백운역 사이에 있는 미군부대 옆에는 지금은 사용하지
않는 철길이 하나 지나간다. 그 철길은 내가 어렸을 적, 엽전을 주울
수 있는 곳으로 유명했다. 한동안 내가 다니던 초등학교에서는 엽전

바람이 불어 주말이면 아이들이 엽전을 주우러 미군부대 옆으로 가곤 했다. 그곳에는 왜 엽전이 많았을까? 당시 아이들 사이에 떠돌던 이야기는 이랬다.

미군부대 옆에는 미군부대의 물자 수송을 위한 오래된 철길이 지나갔다. 한국전쟁 때 부평에 살던 사람들은 그 철길을 달리는 열차를 타고 피난을 갔다. 열차 지붕에까지 사람들로 가득 찼다. 열차는 너무 무거워서 갈 수가 없었다. 그때 누군가 외쳤다.

"짐을 버리세요! 안 그러면 우리 다 죽습니다!"

쇠붙이같이 무거운 것이 버려야 했다. 그중에는 엽전이 있었다. 한국전쟁 때는 이미 엽전은 사용되는 통화가 아니었지만, 그것도 돈은 돈인지라 많은 사람이 엽전을 챙긴 채로 열차에 올랐다. 하지만 긴급한 상황이 되니 엽전을 철길에 던져버렸다는 것이다.

피난민들이 엽전을 버렸다는 것은 그냥 소문이었다. 사실은 미군부대가 되기 전 그 지역은 일본군의 무기 공장이었다. 그 무기 공장에서 무기를 만들기 위해 온갖 쇠붙이를 다 모았는데, 그중에 중국 엽전이 있었다는 것이 내가 어른이 돼서 들은 이야기다. 실제로 그때 무기 공장이 있던 곳 인근에 교회를 짓기 위해 터 파기를 할 때 중국 엽전이 많이 나왔다.

아이들이 엽전을 주워 오던 기찻길에는 더 이상 기차가 다니지 않는다. 하지만 아직도 기찻길 옆 미군부대는 남아 있다. 이 미군부대는 역사가 꽤 깊다. 1939년 일제는 이 자리에 육군조병창을 만들어 무기를 제조했다. 한 달에 소총 4,000정, 총검 2만 정, 소총 탄환 70만 발, 포탄 3만 발, 군도 2,000정, 차량 200대를 만들었다고 하니,

그 규모가 짐작이 간다. 육군조병창이 들어오자 인근에 하청공장과 관련 공장이 모여들었는데, 동경제강, 조선베아링공장, 삼릉이라고 불리던 미쓰비시공업 등이었다.[4]

해방과 함께 일본육군조병창 자리는 미군의 차지가 됐다. 제24군 수지원사령부는 이곳에 주둔하며 미군의 주요한 보급창 역할을 했다. 한국전쟁이 발발하며 일시 철수했던 미군은 1951년 인천을 재수복하면서 다시 그 자리로 돌아왔고, 이어 6의무보급창, 4통신대대, 55보급창, 195병기중대, 330병기중대 외 여러 부대가 차례로 들어왔다. 하나의 도시 같았던 미군부대는 'ASCOM CITY'라고 불렸다. 1973년 데탕트 시대를 맞아 주한미군의 단계적 철군이 계획됐고, 그 일환으로 'ASCOM CITY'는 해체됐다. 빵 공장 하나가 남겨졌고, 미군부대의 이름은 'CAMP MARKET'으로 바뀌었다.[5] 이 과정에서 길 건너 미군군수공장으로 쓰이던 옛 미쓰비시 공장 부지가 한국군에 넘어왔고, 1997년 군부대가 이전하자 부평 지역 최대 규모의 공원인 부평공원이 탄생했다. 현재 남아 있는 CAMP MARKET은 곧 이전을 마치고 공원으로 조성될 예정이다. CAMP MARKET의 이전 과정에도 인천 시민사회의 노력이 있었다. 1996년에 처음 제기된 CAMP MARKET 이전 요구는 서명운동, 인간 띠 잇기, 걷기 대회, 674일간의 철야농성으로 이어졌다. 반환이 확정된 후에는 해당 부지의 활용 방안에 대한 논의와 오염 제거를 위한 활동을 지속해가고 있다.

미군이 부평에 주둔할 때, 거의 동시에 용산에도 자리를 잡았다. 용산 지역은 조선시대부터 군사적으로 중요한 공간이었다. 훈련도

감 소속 장병들에게 지급되는 급료를 관리하던 별영창이 있었고, 임진왜란 때 일본군이 주둔하기도 했다. 구한말에는 일본이 용산에 주목한다. 서울과 가깝고, 땅이 평평하고 여타 지역으로의 물류 수송에 유리해 용산역, 용산우편수취소 등이 들어선다. 러일전쟁을 전후로 일본군이 주둔하고, 해방 이후 그 자리는 미군부대가 된다.[6] 그렇게 용산은 100년 가까이 외국군의 주둔지로 시민들의 접근이 금지된 곳이었다. 1987년 대선 공약으로 용산기지 공원화 계획이 공론화되기 시작한다. 2003년 용산기지 이전에 정부와 미군이 합의했고, 이후 서울 한복판의 이 공간에 어떤 공원을 만들 것인가에 대한 논의가 활발히 진행 중이다.

이렇게 도심 한복판에 거대한 시민공원이 생기거나, 조성을 앞두고 있거나, 공원을 꿈꿀 수 있는 배경에는 아이러니하게도 오래된 점령의 역사가 있다. 세 공간 모두 100년에 가까운 세월 동안 외국군의 주둔지로서 도시의 주요 공간을 거대한 규모로 차지하면서 시민의 접근이 통제됐다. 도시 안에 있는 땅이면서도 시민들이 갈 수 없는 곳. 그곳은 도시의 거대한 장벽이었다. 그 장벽은 시민들의 접근을 막음과 동시에 도시공간을 둘러싼 욕망도 가로막았다. 군부대는 일종의 개발제한구역이 됐다. 군부대 주변이 고층 아파트와 오피스 건물로 가득 찰 동안, 군부대는 넓은 오픈 스페이스를 도심에 남겨주었다. 1990년대에 들어서면서 시내 한복판에 위치한 군부대를 이전시키고 시민의 공간을 만들려는 시민들의 노력이 시작됐다. 시민들의 노력과 군 전략의 변경이 겹치면서 도심의 군부대는 하나둘씩 이전할 것이다. 그렇게 우리에게 주어진 공간은 어떻게 변할까?

2

이런 시설은 군부대만이 아니다. 오래된 산업시설 역시 시가지에 자리 잡으면서 넓은 공간을 남겨주었다. 우리나라에서 산업시설이 공원으로 바뀌는 데에 신호탄을 쏘아 올린 곳은 서울의 선유도공원이다. 1978년에 만들어지고 2000년 폐쇄된 선유도 정수장은 그동안 우리나라에서는 보지 못했던 멋지고 독특한 경관을 가진 공원으로 탈바꿈했다. 기존 정수장의 시설과 구조를 적극적으로 활용한 결과였다. 기존 시설을 활용해 멋진 경관을 만들어낸 것을 넘어, 그 장소의 장소성을 살리고 이어준 사례가 되었다.

도시는 오랜 세월 동안 다양한 사람의 다양한 행위로 만들어진다. 그 행위와 기능이 쌓여 지금의 도시를 만들어낸다. 특정 장소에 쌓인 행위와 기능과 추억은 그 장소 고유의 장소성을 만들어낸다. 우리 도시는 그동안 사람들이 살아온 흔적을 어떻게 다루었는가? 보통 도시에서 길은 세월이 변해도 그 구조를 그대로 가지고 있는 경우가 많다. 오래된 동네의 오래된 지도를 구해보면 옛길이 그대로 남아 지금의 길과 겹치는 것을 쉽게 찾아볼 수 있다. 하지만 우리는 수십 년 된 동네를 별다른 고민 없이 부수고 높은 아파트를 짓는다. 모든 건물을 부수고 새로 아파트를 지을 때, 기존의 도시구조를 남겨둘 리 없다. 우리는 우리의 삶의 흔적 같은 것을 그리 중요하게 생각하지 않는다. 이런 도시 속에서 기존의 장소성을 최대한 살리면서, 그것도 아주 멋지게 만들어진 선유도공원은 우리 도시에서 갖는 의미가 크다. 선유도공원을 시작으로 장소성을 살리려는 시도가 이어졌다. 멋진 시작이었다.

공원이 된 정수장. 서서울호수공원.

뒤를 이어 2009년에 개장한 서서울호수공원도 기능을 다한 신월 정수장의 기존 시설을 이용하여 물을 주제로 한 멋진 공원을 만들어 냈다.

문화비축기지는 41년 동안 시민의 출입이 통제되었다가 2017년 에 공원으로 조성된 곳이다. 서울월드컵경기장 인근에 위치한 이 공 원은 원래 비상시 사용할 석유를 보관하기 위해 만든 석유비축기지 였다. 2002년 폐쇄 후 방치되었던 이곳에 6개의 탱크를 그대로 재활 용한 멋진 공원이 탄생했다. 이름도 '문화비축기지'로 기존의 장소 성을 최대한 살리려 노력했다.

경의선 숲길은 서울 마포구 연남동에서 용산구 효창동에 이르는 경의선 폐선구간에 조성된 공원이다. 경의선이 지하화하면서 기존 지상 구간의 폐선이 결정되었고, 이에 따라 도심 한복판에 길이 6.3 킬로미터, 면적 10만여 제곱미터의 공원이 탄생했다. 긴 길이 탓에

오랫동안 석유를 비축하다가 지금은 문화를 비축하고 있는 문화비축기지.

경의선 숲길은 주거지, 업무지구, 상업지구를 모두 통과한다. 이곳은 현재 주택가의 근린공원으로, 직장인들의 쉼터로 많은 사람의 사랑을 받고 있다. 특히나 '연트럴파크'라고 불리는 연남동 구간은 너무 혼잡한 것이 문제가 될 정도로 사람들이 몰리고 있다. 불과 몇 년 전만 해도 도시를 둘로 나누며 사람들의 접근을 불허하던 공간이 이제는 지역과 지역을 연결해주며 사람들로 북적이는 공간이 됐다. 경의선 숲길 곳곳에는 예전 철로가 남아 있어 이곳이 철길이었음을 사람들에게 말해주고 있다.

경의선 숲길에 남아 있는 경의선의 흔적

3

도심의 폐선 부지의 공원화를 처음 추진한 곳은 광주다. 경상도와 전라도를 잇는 경전선은 광주 시내를 관통했다. 사실 처음부터 시내를 관통한 것은 아니었지만, 광주 시가지가 확장되면서 경전선은 시가지 한복판으로 들어왔다. 시가지 가운데에 있는 철길은 도시를 둘로 나누고, 소음을 일으켰다. 철길 주변은 사람들이 살기를 꺼리는 공간이 되었다. 점점 자동차 중심의 도시가 되어가자 광주 시가지를 관통하는 경전선의 효용이 줄어들었다.

광주시민들은 1988년 6월 '도심철도이설추진위원회'를 결성하여 철도 이설을 위한 서명운동을 벌이는 등, 1980년대부터 꾸준히 철도 이설을 요구했다. 철도청은 광주시민들의 오랜 요구를 받아들여 1990년에 철도를 외곽으로 이설하기로 결정하고, 1995년부터 공사를 시작해 2000년 8월에 철도를 이설했다. 이제 남겨진 폐철도 부지를 무엇으로 사용할 것인가가 남았다. 애초에 광주시는 폐선 부지 일부를 매각하여 신설 철도 건설비용을 충당하려 했다. 하지만 시민들의 요구를 받아들여 공공목적으로만 활용하기로 결정했다. 이후에도 경전철 부지로 사용하기를 원하는 광주시와, 녹지 조성을 원하는 시민단체 및 지역 주민들 사이에 의견 대립이 있었다.

시민들은 적극적으로 녹지 조성을 위한 목소리를 냈다. 1998년 2월, 폐선 부지 주변 주민 300여 명이 광주시의회에 '녹지 조성, 공원, 자전거도로 설치'를 요청하는 청원서를 제출했다. 같은 해 광주환경

운동연합은 폐선 부지를 친환경적으로 활용하는 방안을 모색하기 위한 정책토론회를 개최한다. 시민단체와 지역주민이 '경전철 반대, 푸른길 조성'을 주제로 한 도심철도 이설 부지 푸른길가꾸기 시민회의를 창립하고, 폐선 부지 경전철 도입을 반대하는 지역 주민 결의대회, 푸른길 염원 빌딩 오르기 등 시민의 목소리를 알리려는 시도를 계속했다. 또한 지역 주민들이 자발적 서명운동을 펼친 결과 3개월 만에 8,000여 명의 주민 서명을 받았다. 광주시가 자체 조사한 시민 설문조사에서도 경전철보다 녹지공간을 선호하는 비율이 압도적으로 높게 나왔다. 결국 철도 이설을 결정한 지 10년, 이설공사를 시작한 지 5년이 지난 2000년 12월, 광주시는 폐철도 부지를 녹지공간으로 조성하기로 최종 결정했다.[7, 8]

건물이 들어설 뻔한 광주 푸른길.

광주 푸른길은 폐선 부지가 공원이 될 수 있음을 보여준 첫 사례였다. 이를 이끌어낸 것은 광주시민들이었다. 적극적인 의사표현이 시민들이 원하는 도시공간을 만들어낸 사례로 기록된다. 광주 푸른길은 좋은 선례가 되어 경의선, 주인선, 경춘선 등이 공원이 됐다.

우리 도시에는 오랜 기간 시민들의 자유로운 이용과 접근이 금지된 곳이 많이 있다. 이런 곳들은 역설적으로 넓은 공간을 시민들에게 남겨주었다.

하지만 그 넓은 공간은 시민들에게만 좋은 기회인 것은 아니다. 넓은 공간은 공원이 될 수도 있고, 아파트가 될 수도 있고, 상가나 오피스빌딩이 될 수도 있고, 도서관이나 박물관이 될 수도 있다. 그중 어느 것이 옳고 어느 것이 그르다고 할 수는 없다. 도시 각각의 상황이 있고, 도시의 맥락에서 새롭게 개방된 공간이 어떤 역할을 하는 것이 그 도시를 살아가는 사람들의 삶의 질을 높일 수 있는지를 고민해야 한다. 그 고민 속에 새로운 공간이 탄생해야 한다. 문제는 새로운 공간을 만들어 직접적인 이득을 볼 수 있다고 판단한 세력들은 그 공간을 차지하기 위해 최선을 다해 덤벼든다는 것이다. 이는 합리적인 의사결정을 막고, 특정인의 경제적 이득을 위해 공간이 사용될 가능성을 높인다. 만약 시민들이 그 공간을 시민의 공간으로, 공공의 영역으로 남겨두고 싶다면, 목소리를 내야 한다. 시민의 목소리가 들리지 않으면 누군가가 자신의 이득을 위해 달려든다. 아직 우리 도시에는 군부대도, 철길도, 공장도, 쓰레기매립지도, 항구도 많이 남아 있다.

2부

시민의 움직임을
가로막는 것들

11

주민참여의 제도화와
과노동 사회

1

시민이 움직이면 도시는 바뀐다. 내가 살고 있는 도시를 좀 더 살고 싶은 도시로 만들기 위해 시민이 직접 행동에 나서는 것은 아름다운 일이다. 그런 시민들이 많아질 때 우리 도시는 삶의 향기가 가득한 멋진 공간이 될 것이다. 하지만 우리 사회에는 시민들의 움직임을 방해하는 요소가 많이 있다. 2부에서 이어질 이야기는 시민의 움직임을 가로막는 요인들에 관한 것이다. 시민의 움직임을 가로막는 것은 시민 각자의 태도이기도 하고, 제도이기도 하고, 사회 구조이기도 하다. 이런 문제들을 함께 해결하지 않은 채, 시민이 행동하자고 말하는 것은 공허하다.

내가 생각하는 가장 큰 방해 요소는 시민들이 너무도 바쁘다는 점이다. 하루하루 먹고살기에도 바쁜 사람들에게 그들의 귀중한 시간을 쪼개 함께 행동하자 말하기는 어렵다. 도리어 우리는 우리 스스로가 너무도 바쁘기 때문에, 다른 사람들에게도 은연중에 바쁜 삶을 강요하기도 한다. 그렇게 우리는 과노동 상태를 받아들이고, 세상 돌아가는 일은 다른 사람에게 맡겨버린다. 3년 전 어느 봄날, 도시를 걷다가 과노동 상태를 받아들이는 우리 사회의 모습이 내 눈에 들어왔다.

2017년 5월에는 노동절, 부처님오신날, 어린이날이 절묘하게 배치되어 이틀만 휴가를 내면 9일짜리 연휴가 가능했다. 아내가 근무하는 초등학교는 이틀을 자율휴업일로 결정해 단기 봄방학을 만들었다. 학생들이 부모와 즐거운 시간을 보내라는 취지로 만든 단기 봄방학이었겠지만, 우리 가족도 그 혜택을 누렸다. 아이의 어린이집에 이틀 결석한다고 알리고, 8박 9일짜리 여행을 떠났다. 여수 밤바다와 순천만, 우포늪의 낭만과 신비로움에 빠져 지내던 어느 날, 창녕 읍내를 걷다가 문이 닫힌 한 미용실에 붙어 있는 안내 문구가 눈에 들어왔다.

"개인 사정으로 5월 2일부터 7일까지 휴무!! 8일부터 정상 영업합니다!! 죄송합니다^^"

잠깐 그 '개인 사정'이라는 것이 뭘까 생각해봤다. 추리의 단서는 문구 마지막 '죄송합니다' 옆에 있는 밝은 얼굴의 이모티콘이었다.

"여행을 갔구나. 미용실 사장님 아이의 학교도 단기 봄방학을 한 거지. 아이는 집에 있게 됐고, 미용실에서 일해야 하는 엄마는 고민을 한 거야. 일을 하자니 아이가 눈에 밟히고, 아이랑 놀자니 돈을 못 벌고. 그러다가 '에라 모르겠다. 오랜만에 놀러나 가보자'라고 결정한 거지. 일단 그렇게 결정하고 나니까 신이 난 거야. 그래서 저 환한 얼굴의 이모티콘이 탄생한거지."

그 집 사정은 아무것도 모르면서 혼자 별 상상을 다했다. 상상 속 가족이 오랜만에 여행을 떠난 모습이 눈에 보이는 것 같아 그냥 웃음이 지어졌다. 알지도 못하면서 문을 닫은 사장님을 응원했다. 그런데 생각해보니 여행하는 내내 문을 닫은 가게를 보지 못한 것 같았다. 놀러 가기 좋은 5월 초의 황금연휴는 달력에 표시되어 있었다. 하지만 달력에 표시된 색깔을 모든 사람이 따르는 것은 아니다. 자영업자들은 연휴라고 쉬지 않는다. 명절, 여름휴가를 제외하고 연달아 이틀 이상 가게 문을 닫는 경우는 거의 없다. 그들이 쉬지 않고 가게 문을 열어놓았기 때문에 나는 여행을 다니며 밥도 먹고, 커피도 마시고, 옷도 사고, 빨래도 했다. 갑자기 감사한 마음과 미안한 마음이 동시에 들었다.

여행을 마치고 동네로 돌아왔다. 아이스크림 하나를 입에 물고 동네를 어슬렁거리던 중 문이 열린 한 미용실에 있는 문구가 눈에 들어왔다.

"일요일에는 8시까지 영업합니다. 죄송합니다."

이 미용실의 평일 영업시간은 오전 10시부터 밤 9시까지였다. 주인 혼자 일하는 이 미용실의 정기휴일은 화요일이다. 일주일에 하루 화요일에 쉬고, 5일은 11시간 근무, 일요일에는 근무 시간을 조금 줄여 10시간 일하는 것이다. 문구 맨 뒤에 있는 '죄송합니다'라는 말이 마음에 걸렸다. 남들 다 쉬는 일요일에 일을 하면서 8시에 문을 닫아 죄송하다는 건 왜일까? 그러고 보니 창녕의 미용실에도 '죄송합니다'라는 말이 있었다.

길모퉁이를 도니 평소에 내가 즐겨 찾던 통닭집이 보였다. 이름

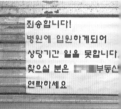

과노동 사회, 가게 주인들은 죄송하다.

만 들어도 바삭한 '크리스피 치킨'이라는 메뉴를 반 마리 5,000원에 팔아, 혼맥을 즐기는 내가 애용하는 곳이다. 그런데 문이 닫혀 있다. 닫힌 문에 휴일을 알리는 안내 문구가 붙어 있다.

"죄송합니다. 일요일은 쉽니다."

다음 날 아침, 오랜만에 아이 손을 잡고 어린이집으로 갔다. 가는 길에는 작은 컨테이너박스로 만들어진, 열쇠와 도장도 만드는 구두 수선집이 있다. 부지런한 구두수선집 아저씨는 아침 9시면 문을 열었는데 이날은 문이 닫혀 있었다. 그리고 거기에 안내 문구가 하나 붙어 있었다.

"죄송합니다! 병원에 입원하게 되어 상당 기간 일을 못 합니다. 찾으실 분은 xx부동산에 연락하세요."

어쩌다 생긴 연휴에 여행을 가도, 남들 쉬는 일요일 밤 8시에 문을 닫아도, 일주일에 하루 쉬어도, 몸이 아파서 병원에 가도, 가게 주인들은 죄송하다. 이게 우리가 살고 있는 도시다.

우리 가족이 퐁당퐁당 연휴에 여행을 다닐 때, 내 지인의 가족은 아이를 어찌 돌볼까 고민이었다. 맞벌이 부부인 그들이 다니는 직장은 노동절에도 일을 했고, 그런 날 어린이집은 쉬었다. 물론 노동절에도 일을 하는 맞벌이 부부들을 위해 선생님 몇 분이 나와 아이들을 돌봐주긴 했다. 하지만 이럴 때마다 매번 어린이집에 아이를 맡기는 건 아이에게도, 어린이집에도 눈치가 보인다. 결국 엄마가 휴가를 냈다.

이 부부는 칼퇴근의 대명사로 알려진 공무원 부부다. 하지만 그들이 일하는 부서에서 그 누구도 칼퇴근을 하지 않는다. 복지 업무가 증가하면서 복지를 담당하는 아내의 퇴근 시간은 늦어졌다. 늘 8시를 넘긴다. 남편이 칼퇴근해(칼퇴근이라고 해도 6시 20분쯤 나온다. 그는 20분 늦은 퇴근을 칼퇴근이라 표현했다. 그때까지 아무도 퇴근하지 않는다) 어린이집에서 아이를 데려온다. 어린이집은 저녁 7시 30분까지 운영한다. 매번 문을 닫기 직전에 어린이집에 도착한다. 매번 일찍 퇴근하니(일찍이라고 썼지만 정해진 퇴근 시간보다도 20분 늦다) 동료들의 눈치가 보이지만 어린 아이를 키우려면 어쩔 수가 없다.

일주일에 한 번 정도는 아내가 일찍(일찍이라고 썼지만 정시 퇴근이다) 퇴근한다. 이날은 남편이 야근할 수 있는 기회다. 일주일에 한 번 정도는 야근을 해줘야 나머지 날에 일찍(진짜 일찍은 아니다) 퇴근하는 데 눈치가 덜 보인다. 아침에는 직장이 먼 남편이 먼저 출근을 하고, 그사이 아내는 출근 준비를 하고, 자는 아이를 깨워 아침밥을 챙겨 먹이고 8시까지 어린이집에 칭얼대는 아이를 맡긴 후 출근한다. 네 살짜리 아이 하나와 젊은 맞벌이 부부, 이 셋이 평일에 함께 밥을 먹는 것은 매우 어려운 일이다. 이런 생활에 지친 부부는 결국 아침 등원 도우미와 저녁 하원 도우미를 고용했다. 월 80만 원의 지출이 생겼고, 아이는 아침에 엄마와 아빠 얼굴을 못 보는 대신 잠을 조금 더 자게 됐고, 부부는 마음의 여유를 조금 갖고 야근을 할 수 있게 됐다.

야근이 일상화되고, 휴가가 제대로 보장되지 못하는 사회 환경은 도시의 모습과 다양한 정책에도 영향을 미친다. 모두가 늦게까지 일하는 우리 도시에서 일찍 문을 닫거나 자주 문을 닫는 가게를 좋은 눈으로 봐주는 소비자는 드물다. 은행 영업 종료 시간을 4시로 앞당겼을 때 많은 사람이 거세게 항의했다. 은행 문을 4시에 닫아도 8~9시까지 남아서 야근을 해야 일을 마칠 수 있다고 설명을 해도 막무가내였다.

"너네만 야근하냐!"

우체국 택배는 주 5일 근무제를 실시했다가 소비자들의 항의로 토요일 배송을 다시 시작했다.

"우리도 주 6일 근무해! 너네도 공무원이라고 토요일에 쉬려고 하냐!"

학교의 꽉 짜인 틀에서 벗어나 부모와 시간을 보내고 다양한 활동을 하라는 취지의 자율휴업제는 학부모들의 거센 항의를 받는다.

"맞벌이 부부들은 어쩌란 말이냐! 아이를 어찌 보라고 무책임하게 자율휴일을 정했느냐!"

사회 분위기가 이렇다 보니 자영업자들은 어쩌다 생긴 연휴에 여행을 가도, 남들 쉬는 일요일에 밤 8시에 문을 닫아도, 일주일에 하루 쉬어도, 몸이 아파서 병원에 가도, "죄송하다"라고 해야 한다. 그래야 손님들의 마음이 조금 풀린다.

문을 닫을 때 '죄송하다'라고 말을 하지만, 사실 문을 자주 닫거나 영업시간을 줄이지 않는 것은 가게 주인들의 선택이기도 하다. 그 선택의 이유는 돈이다. 하루 8시간 일해서는 가게를 운영하기조차 힘들다.

그렇다고 돈을 많이 버는 사람들이 일을 적게 하는 것도 아니다. 한 통계에 따르면 고소득층은 저소득계층에 비해 10분 이상 더 일을 하며 수면시간은 28분이 적다. 앞의 예로 든 맞벌이 부부의 경우 부족한 시간을 시장에서 해결했다. 시간당 1만 원의 등하원 도우미 시장이 형성됐고, 이들 부부는 시장을 통해 부족한 시간을 구입하고 야근한다. 자신의 소득이 월 80만 원과 비슷한 맞벌이 부부는 부부 중 한 명이 직장을 그만두는 편이 합리적이다. 중간소득계층에 비해 저소득계층에 전업주부가 더 많은 이유 가운데 하나다.

두타는 야근하는 직장인을 위해 새벽까지 영업한다고 광고한다. 대형마트는 밤 12시까지 영업한다. 덕분에 야근한 직장인은 퇴근 후 장을 볼 수 있고, 대형마트 종사자는 밤 1시가 다 되어 퇴근한다. 그렇게 도시의 가게와 오피스 건물은 밤늦게까지 환하게 불이 켜져 있다. 2015년 기준 한국인의 연 평균 노동 시간은 2,163시간이다. OECD 평균 1,770시간에 비해 393시간을 더 일한다. 우리가 사는 도시는 밤늦은 시간까지 일해야 하는 도시다. 이런 도시에 주민참여, 마을만들기가 제도화됐다. 시민들이 도시의 일에 참여하는 것이 제도화된 것이다.

2

　마을만들기를 간단히 정의하자면, 자신이 살고 있는 마을을, 스스로 좀 더 살기 좋은 마을로 만드는 일을 말한다. 여기서의 핵심은 주민이 스스로, 주체적으로 활동한다는 것이다.

　당연하게도, 마을만들기가 제도화되기 전에 이미 마을만들기가 존재했다. 대구 삼덕동에서는 가출청소년 쉼터가 마을과 갈등을 빚자 쉼터와 마을 간 소통의 필요성을 느껴 쉼터 운영자의 집 담장을 허물면서 마을만들기가 시작됐다. 서울 성미산 마을에서는 어린 자녀를 둔 부모들이 기존의 교육 체계를 넘어선 공동육아의 필요성을 느껴 마을만들기가 시작됐다. 인천의 부평 문화의 거리에서는 인근 대형마트로 인해 장사가 안 되는 상황을 타파하려는 상인들의 욕구에서 마을만들기가 시작됐다. 부천의 한 마을에서는 생태에 관심이 있는 주민들이 모여 동아리 활동을 시작했는데, 자신들이 사는 마을도 생태마을이 됐으면 하는 바람에서 마을만들기를 하게 됐다.

　마을만들기는 자신의 필요를 행정이나 전문가의 손에 맡기거나 시장에서 돈을 주고 구입하는 것이 아니라, 주민들 스스로가 행동에 나서서 해결하는 것이기 때문에 주민들의 시간이 많이 요구된다. 이는 마을만들기가 제도화되기 전이나 후나 마찬가지다. (제도화되기 전 마을만들기에 참여하는 사람들이 더 많은 시간을 썼을지도 모른다.) 많은 시간을 요구하는 것은 바쁜 주민들에게 큰 부담이다. 하지만 제도화되기 전에는 크게 문제가 되지는 않았다. 마을만들기에 참여하는 사람들은 그것이 그들의 관심사였고, 자신의 참여로 인한 결과가 자신의 삶에 직접적으로 영향을 미쳤다. 그들의 참여는 힘들었지만 자발적이었다.

담장을 허물면서까지 마을과 소통을 시도한 가출청소년 쉼터는 마을과 섞일 수 있었다. 공동육아에 참여하는 것은 내 아이를 내가 원하는 교육 방식으로 키울 수 있게 했다. 부평 문화의 거리의 마을 만들기에 자신의 시간과 노력을 쓴 상인들은 그 대가로 장사가 잘되길 바랐다. 자신의 동네가 생태마을이 됐으면 했던 사람들은 그 일이 자신의 취미생활, 관심사와 연결되었다. 이렇게 시민들에 의해 자발적으로 시작된 초기 마을만들기 활동들은 참여자들의 많은 시간과 노력을 요구했다. 그것을 감당하지 못한 사람들은 마을만들기 활동에서 떨어져 나갔다. 활동 자체가 중단되기도 했다. 마을만들기 운동을 우리 사회에 확산시키려 했던 운동가들에게는 안타까운 일이고, 시민에 의한 도시로 가는 속도가 느려졌겠지만, 그렇게 그만두면 되는 일이었다. 하지만 이것이 제도화되면 이야기는 달라진다.

마을만들기나 주민참여가 제도화된 후, 마을에서 예산이 쓰이기 위해서는 주민들의 참여가 전제되는 사업이 늘어났다. 주민들이 참여하는 곳에 예산이 쓰였다. 시간이 없는 주민들에게도 참여는 일종의 의무가 되는 상황이 생긴다. 물론 참여가 강제적이지는 않다. 마을의 놀이터를 어떻게 만들 것인지 논의하는 자리에 참여하지 않는다고 직접적인 불이익이 가해지지는 않는다. 참여는 선택처럼 보인다. 하지만 의무에 따라붙는 단어는 권리다. 참여하지 않은 사람에게는 권리가 주어지지 않는다. 만약 주민참여를 기획하고 실행한 사람들이 바쁜 주민들을 위해 퇴근 시간 후인 저녁에 모임을 갖는 등 나름대로의 노력을 했다면, 참여하지 않은 사람이 자신의 목소리를 내기는 더욱 어려워진다. 하지만 애초에 시간이 없는 사람이 너무도 많다.

과노동 상태에서 제도화된 주민참여의 문제는 주민들이 마을에서 실행하려는 활동의 주제가 주민으로부터 자연스럽게 나오기 어렵다는 문제도 일으킨다. 하루하루 살아가기에 바쁜 주민들은 자신의 삶의 문제를 마을에서의 관계를 통해 해결할 생각조차 하기 힘들다. 주민들이 깨어 있는 시간의 대부분을 일터에서 보내는 동안, 행정에서는 예산을 줄 테니 주민 스스로 마을 일을 고민하라고 요구한다. 그러다 보니 애초에 행정에서 쉽게 할 수 있는 일들, 주민들이 신경 쓰지 않아도 되는 일들에도 참여를 요구한다. 그래야 예산이 집행된다.

우리 동네 보도블록의 색깔이 빨간색이었으면 좋겠는지 파란색이었으면 좋겠는지 따위의 주제가 주민참여의 밥상에 오른다. 일주일에 하루, 어쩌다 생긴 저녁 시간도 배우자의 야근에 할애해야 하는 시대에, 그렇게 어렵게 시간을 내서 마을 일에 참여하는 사람들에게 보도블록의 색깔을 고르자고 한다. 그것도 간단히 설문조사를 하는 것이 아니라 30분 정도 아이스브레이킹을 하고, 30분 자기소개 하고, 마을의 유래와 현재까지를 학습하고, 우리 마을에서 꼭 했으면 하는 일들을 포스트잇에 적어 서로의 의견을 나눈 뒤, 다른 의견들은 이번 사업에서 반영할 수 없으니, 좋은 의견들은 고이고이 간직해두고 여기서 나온 의견 중 보도블록의 색깔 부분만을 이번 워크숍에서는 결정하기로 하는 주민참여는 얼마나 한가로운가? 이런 일들이 '주민참여'라는 이름으로 주민들을 괴롭힌다.

때로는 주민들이 스스로 마을의 마스터 플랜을 짜는 식의 커다란 주제를 다루기를 요구받기도 한다. 주민들은 퍼실리테이터*의 진행 아래 우리 마을은 어떤 마을이 됐으면 좋을지 의견을 나눈다. 예전 제도화되기 전의 마을만들기는 자신의 문제나 관심사를 마을에서 찾는 것이었다. 자신이 원하는 것을(그것이 관계든, 물질이든, 공간이든) 먼 곳이 아닌 마을에서 얻을 수 있는 것은 굉장히 편리한 일이다. 그런 차원의 마을만들기는 삶의 질과 직결된다. 그런데 예산이 위에서부터 내려오다 보니 개개인이 필요한 것을 찾을 때까지 기다릴 시간이 없다. 일종의 마을 마스터 플랜을 먼저 짜는 방식으로 마을만들기가 진행된다. '생태마을을 만들자', '노인 친화적인 마을을 만들자', '여성이 행복한 마을을 만들자', '전통이 살아 있는 마을을 만들자'라는 식의 '무슨무슨 마을 만들기'가 마을에 뿌려진다. 이는 마을에 살고 있는 다양한 사람의 욕구를 반영하지 못하고, 정해진 하나의 주제를 향해 마을 주민들의 시간과 노력과 예산을 쓰도록 한다. 이런 식의 계획과 예산 집행은 그것에 참여하지 못하는 사람들의 권리를 침해한다. 마을 차원의 계획에 참여할 수 있는 사람들만 참여해 주민이라는 이름으로 결정하는 것은 큰 잘못이다.

애초에 참여가 불가능한 사람들이 있는 것처럼, 애초에 참여하기 수월한 조건을 갖는 사람들도 존재한다. 그들은 놀이터 만들기에 참여해 운동기구를 놔달라고 하고, 가로등 위치를 결정하고, 동네 자

---

* 공통의 목적으로 모인 사람들이 함께 참여하여 시너지를 내고, 목표했던 결과를 쉽게 만들어낼 수 있도록 돕는 회의 진행자. 참여자의 의견을 이끌어내고 모아가는 다양한 진행 기법을 활용한다.

투리 공간을 주차장으로 만든다. 그들은 마을에서 이루어지는 온갖 종류의 주민참여 활동에 참여하며, 그 대가로 자신의 의견을 반영시킨다. 열심히 참여한 사람이 그만큼의 목소리를 내는 것은 어찌 보면 정의로워 보인다. 하지만 그렇게 주민참여로 많은 것들이 결정되는 순간에, 많은 사람은 일을 하고 있거나 어쩌다 생긴 시간을 힘겹게 보내고 있다. 그들의 참여는 원천봉쇄되었다. 반대로 참여하는 사람의 입장에서는 다른 사람들은 지역사회에 별 관심을 보이지 않는데 자신만 열심히 시간을 내는 상황에 불만을 가질 수 있다.

이렇게 열심히 참여하는 주민과 참여하지 못하는 주민 모두가 불만을 가지는 사이, 행정은 책임에서 자유로워진다. 주민참여가 제도화되기 전, 행정이 주민들의 뜻을 제대로 헤아리지 못하고 일처리를 했다면 그 결과는 행정의 책임이 된다. 하지만 주민참여의 방식으로 결정됐다면, 그 결과가 공정치 못하더라도 그 책임은 주민에게 돌아간다. 잘못된 결정에 누군가 문제를 제기하면 이런 답변이 돌아온다. "주민들이 결정한 거예요."

2009년 노벨경제학상 수상자 엘리너 오스트롬Elinor Ostrom은 『공유의 비극을 넘어』라는 책에서 주민들이 자발적으로 마을의 공유자원을 관리한 사례를 통해 공유자원에 대한 주민들의 자발적인 관리가 성공하려면 어떤 조건이 필요한지를 분석했다. 그중 첫 번째로 제시되는 조건이 '명확하게 정의된 경계'다. 공유자원 관리에 참여한 사람들이 공유자원으로부터 얻을 수 있는 것이 명확해야 한다는 것이다. 누군가는 열심히 참여했는데 그 결실을 다른 사람들과 공유한다면 자발적인 참여는 실패한다는 것이다.

오스트롬은 '집합적 선택 장치'라는 조건도 제시한다. 참여로 인해 만들어진 규칙이나 결과에 영향을 받는 대부분의 사람들이 그 규칙을 만들거나 수정하는 과정에 참여할 수 있어야 한다는 것이다. 마을에 예산이 쓰이는 것은 그 마을에 사는 모든 사람들에게 영향을 준다. 하지만 앞서 본 것처럼 참여할 시간이 없는 사람이 많다. 우리 사회의 과노동 상황을 그대로 두고 주민참여만을 강조한다면 이것이 지속될 수 없음을 말해주고 있다.

'최소한의 자치 조직권 보장'이라는 조건에서는 주민들 스스로 결정을 할 수 있는 권리가 외부의 권위체에 의해 도전받지 않을 것을 요구한다. 하지만 제도화된 마을만들기에서는 이미 중요한 부분이 결정되어 그 부분에는 주민들의 의사가 반영될 여지가 없으며, 지엽적이고 별로 중요하지 않은 부분에 대한 결정권만 주어지는 경우가 많다. 이 역시 주민들의 과노동 상태와 무관하지 않다. 우리 주민들은 첨예한 갈등이 생길 수 있는 중요한 문제들을 다루며 의견을 조율할 시간이 없다. 예산은 빨리 집행되어야 한다. 그러니 중요한 문제는 이미 결정을 내리고, 쉽게 합의될 수 있는 것들이 주민참여의 이름으로 결정되고, 중요한 문제까지 주민참여로 결정된 것처럼 알려진다.

도시와 마을의 변화는 사회의 변화와 함께 간다. 우리 사회의 모습은 그대로인 상태에서 도시와 마을만 달려갈 수는 없는 노릇이다. 주민들이 주인이 되는 마을을 꿈꾼다면, 그것이 가능한 사회구조를 만들기 위해 노력해야 한다. 과노동 상태를 그대로 둔 채 할 수 있는 일은 별로 없다. 주민참여, 시민참여, 시민이 만드는 도시뿐 아니라 그 어떤 일도, 우리가 꿈꾸는, 사람으로서 우리가 하고자 하는 활동을 위해서는 과노동 상태를 해결하는 것이 그 어떤 일보다도 중요하다. 이런 구조적인 문제를 해결하지 못한다면 주체적인 개인, 시민으로서의 삶은 기대하기 어렵다.

물론 과노동 상태가 해결되지 않은 상태에서는 시민참여를 하지 말자는 것은 아니다. 시민들의 자발적 움직임이 아닌 '제도화'를 통해 시민참여를 한다면, 지금 현재 우리 사회의 모습을 직시하고 그 안에서 가능한 것부터 차근차근해야 하며, 어디까지가 가능한 것인지에 대해 솔직히 이야기하고 그 한계 안에서 제도를 설계해야 한다. 현실은 그대로 둔 채 시민참여의 당위와 장점만을 내세우며 제도를 만들면, 그 제도를 이용해 이득을 취하려는 사람들의 어설픈 기술이 난무하고, 자신의 활동을 멋지게 발표하는 포장술이 발달한다. 그러면서 지금 판이 커지고 있다.

마을만들기는 마을공동체의 이름으로, 더 나아가 도시재생의 이름으로 점점 덩치가 커지며 제도화되고 있다. 오랫동안 현장에서 마을만들기를 해왔던 활동가들은 지금의 상황을 매우 우려하고 있으며, 일각에서는 도시재생 보이콧 이야기까지 나온다. 그렇게 주민참여가 좋지 않은 과정과 결과로 나타난다면, 수십 년 동안 시민사회에서 어렵게 자라난 주민참여라는 싹이 뿌리째 뽑힐 수도 있다.

12

때로는 독이 되는
행정의 지나친 친절

1

먹고살기 바쁜 시민들이지만, 다양한 활동으로 우리 도시를 좀 더 살고 싶은 도시로 만들기 위해 활동하는 주민도 많이 존재한다. 시민의 자발적인 활동은 도시를 살찌운다. 이런 시민들의 활동과 행정의 지원이 적절히 만나면 그 힘은 배가된다. 하지만 어떤 경우에는 행정의 지원이 시민의 자발성을 꺾는 결과를 낳기도 한다.

우리나라에서 최초로 주민참여로 만들어진 서울의 양지공원은 만드는 과정에만 주민이 참여한 것이 아니었다. 설계 과정을 함께한 주민들을 중심으로 '공원관리위원회'가 만들어졌고, 이들은 공원 완공 후 공원 관리의 한 축을 자발적으로 맡았다. 그러던 어느 날, 구청은 공공근로 인력을 양지공원에 투입하여 공원 청소를 담당하도록 했다. 이후 할 일이 없어진 공원관리위원회는 거의 모이지 않게 되었다. 행정의 입장에서는 공원을 더욱 깨끗하게 관리하기 위해 공공근로 인력을 투입했겠지만, 결과적으로 그런 식의 행정 지원은 어

렵게 형성된 주민의 자발적 관리 의지를 꺾었다.[1]

　도로조성 과정에서 오랫동안 방치되어오던 인천 배다리마을의 넓은 공터는 인근 주민들이 생태적으로 관리하고 싶었다. 주민들은 공터의 돌을 주워다가 돌무덤도 만들고, 아이들이 놀 수 있는 작은 놀이기구도 만들었다. 자연스럽게 풀이 자랄 수 있도록 관리하며 환삼덩굴과 같은 하나의 종이 공원을 뒤덮는 것을 막기 위해 덩굴 제거 작업도 자발적으로 했다. 공터의 쓰레기를 줍고, 그곳에서 자라는 식물을 관찰하고, 그림을 그리고, 푯말을 달아줬다. 하지만 구청은 넓은 공터를 봄에는 양귀비가, 가을에는 코스모스가 가득한 꽃밭으로 만들고 싶어 했다. 2017년 말, 주민들과 구청은 공터의 절반은 구청이, 절반은 주민이 관리하는 것으로 합의했다. 그렇게 주민들이 공터의 절반을 가꾸고 있던 2019년 7월, 구청은 주민들이 관리하던 풀밭을 굴착기로 갈아엎었다. 주민들이 항의했지만 막무가내였다. 주민들은 갈아엎어진 공터에 다시 흙을 고르고 꽃씨를 뿌렸다. 예전보다 더 많은 주민이 나와 공터에 다시 생명을 불어넣기 위해 노력했다. 그리고 8월, 공터에 다시 굴착기가 등장했다. 애써 관리하던 주민들의 자발성은 짓밟혔다.

　물론 모든 주민이 생태적으로 관리하겠다는 의견에 동의한 것은 아니었다. 구청의 굴착기에는 민원이라는 뒷배가 있었다. 어떤 주민들은 잡초로 보이는 풀들이 자라는 것보다는 코스모스가 가득한 꽃밭을 원했다. 왠지 잡초 사이에는 모기가 득실거리는 것 같았고, 동물의 배설물이 가득한 것처럼 느껴졌다. 그들은 잡초밭을 치우고 꽃밭을 만들어달라는 민원을 넣었고, 꽃밭을 만들고 싶어 했던 구청은 민원이 들어왔다며 굴착기를 공터에 집어넣었다.

거의 모든 도시공간에서 주민은 구경꾼의 역할에 머문다. 배다리 공터에 양귀비가, 코스모스가 만발하면 보기에는 더 좋을지도 모른다. 하지만 배다리 주민들은 누군가 조성해준 곳을 구경하는 구경꾼이 아닌, 자신의 동네를 직접 가꾸고 그 안에서 살아가는 주민이고자 했다. 이런 주민의 존재는 매우 희귀하며 소중하다. 구청은 일부 주민들의 민원을 핑계로 자발적 주민들의 힘을 빼는 것이 아니라, 주민과 함께 공간을 가꿔나갈 방향을 찾았어야 했다. 그런 주민들의 존재는 코스모스와는 비교도 할 수 없을 정도로 소중하고 아름답다.

동네 한복판에 있는 광장에서 벼룩시장을 하고 싶어 했던 인천 장기동 주민들이 광장 사용을 문의했을 때 구청은 이렇게 답변했다.

"벼룩시장을 하고 싶으면 구청 앞마당에서 정기적인 벼룩시장을 하고 있으니 그곳을 이용하라."

구청의 생각을 '선의'로 해석하면 이렇다.

"구청에서 주민들의 행사를 더 쉽고 편안하게 할 수 있도록 장소를 마련해줄 테니 너무 애쓰지 말고 이곳에 와서 벼룩시장을 하면 된다."

하지만 이는 주민들이 하려고 하는 벼룩시장의 의미를 제대로 읽지 못한 행동이며, 벼룩시장을 자발적으로 준비하고 치러내는 과정이 만들어내는 가치를 없애버리는 일이다. 이럴 경우 차라리 지원해주지 않는 편이 더 좋다.

2

마을만들기가 제도화되면서 마을에서의 주민들의 활동에 예산이 지원되는 경우가 늘어났다. 마을에서의 주민 활동은 일면 행정이 해야 할 역할을 대신하기도 하고, 공공성을 띠는 경우도 많아서 세금으로 지원해줄 만한 가치가 있는 활동이 많다. 하지만 이런 경우에도 적절한 지원을 넘어서면 그 지원 때문에 주민의 자발성이 망가지고 활동 자체가 사라지는 결과를 낳기도 한다.

이제 막 돌이 된 아기를 키우는 엄마(또는 아빠)가 있다고 생각해보자. 혼자서 하루 종일 아이를 돌보는 것은 너무도 힘든 일이다. 예전 대가족 시절, 또는 이웃과 가까운 관계를 유지했던 시절에는 아이를 다른 사람들과 함께 돌보면서 자신의 시간을 가질 수도 있었지만, 요즘은 대부분의 가정에서 어린 아이 키우는 일을 부모가 온전히 감당한다. 자신의 시간을 갖기 위해서는 아이를 누군가에게 맡겨야 하는데, 말도 제대로 못 하는, 사랑하는 자식을 아무에게나 맡기기는 힘들다. 행정에서는 이런 육아의 어려움을 해결하기 위해 세금을 들여 아이돌봄 서비스를 제공한다. 어떤 부모들은 이웃과의 관계를 통해 스스로 이를 해결하려 노력한다. 한 마을에서 비슷한 처지의 부모들이 서로 돌아가며 아이를 봐주기도 하고 육아 정보도 나눈다. 이런 일들은 충분히 행정이 세금으로 지원해줄 만한 일이다.

이런 모임에 한 달에 5만 원을 지원해준다고 생각해보자. 그러면 엄마(또는 아빠)들은 서로의 관계를 좋게 유지하는 데 이 돈을 쓸 것이다. 만났을 때 과자도 사 먹고, 한 달에 한 번 정도는 아이 데리고 가기 좋은 커피숍에서 커피도 한잔 마시면서 말이다.

그런데 이런 일들이 좋다고 해서 1억 원을 지원해준다면 어떤 일이 일어날까? 게다가 지원 기간은 1년이니, 이 돈을 1년 안에 써야 하면 말이다. 커피 2만 잔을 마셔도 쓸 수 없는 돈이 지원되면 건물에 돈이 들어가기 마련이다. 예전에는 각자의 집에서 모여 아이들을 돌봐줬는데, 1억이나 있으니 동네에 공간을 하나 마련하자는 이야기가 나온다. 장소 하나를 임대해서 아이와 엄마 친화적인 인테리어를 한다. 아, 주민참여로 말이다. 9,000만 원 정도의 예산을 사용한다. 1년 동안은 남은 예산에서 임대료를 지불할 수 있다. 하지만 1년이 지나고 나면 월세를 감당할 수 없다. 행정은 행정 나름대로 1억 원이라는 많은 세금을 지원해줬으니, 그 이후에는 주민들이 스스로 감당해야 한다고 말한다. 언제까지나 지원해줄 수는 없는 일이니까. 부모들은 모여서 월세를 어떻게 마련할지 고민한다. 고민에 고민을 하다가 아이와 엄마 친화적인 인테리어가 된 공간에서 커피를 팔면서 자생력을 키울 계획을 세운다. 엄마들은 열심히 커피를 판다. 주객이 전도되는 순간이다. 그래도 월세를 내기가 힘들다. 요즘 장사하기가 좀 힘든가? 또 일종의 동업이 되다 보니 불화도 생긴다. 모임은 망한다. 아이와 엄마 친화적인 공간은 문을 닫는다. 9,000만 원과 모임이 같이 날아간다. 9,000만 원은 건물 주인과 인테리어 업자에게 들어간다. 차라리 문을 닫으면 다행이다. 돈이 들어갔으니 유지해야 한다는 당위가 들어가면 아무도 이용하지 않는 공간을 유지하기 위해 세금이 계속 들어간다.

돈을 많이 준다고 좋은 것이 아니다. 적절한 돈이 들어가야 좋은 것이다. 지나치게 많은 돈이 지원되면 모임은 망하고 세금은 낭비된다. 차라리 조금씩 길게 주면 커피라도 사 먹는다. 행정이 시민의 활동을 지원할 때는 '몇 개'의 모임을 지원했고, '얼마'의 예산을 썼으며, '몇 명'이 참여했다는 식의 결과물을 요구한다. 이렇게 숫자화된 성과를 가져가려 하면 애써 만들어진 주민의 자발성이 훼손된다. 행정이 시민들의 움직임을 지원하고자 한다면, 그 핵심은 시민 행동의 자발성과 공공성을 높이는 방향이 되어야 한다.

3

숫자로 표시된 성과를 얻으려는 행정의 속성은 무차별적인 복제로 이어졌다. 처음 시작했을 때, 시민들의 많은 고민과 노력으로 차근차근 만들어진 이야기는, 그 이야기의 '기승전'은 남겨둔 채, '결'만이 복제되어 여기저기 퍼졌다.

시민들이 자신의 도시나 마을에서 활동하는 것은 쉬운 일이 아니다. 어떤 특정 지역에서 시민의 활동이 활발하게 일어났다면, 그 일이 가능했던 배경이 존재한다. 같은 욕구를 가진 사람들이 특별히 많이 모여 있는 지역일 수도 있고, 시민들의 활동이 오래 누적된 지역일 수도 있고, 누군가의 희생이 있었을 수도 있다. 그 배경은 무시한 채, 시장활성화와 청년들의 새로운 삶을 위해 만들어졌던 전주 남문시장의 청년몰이, 마을을 지키기 위한 고민 끝에 만들어진 벽화마을이, 이웃과의 소통을 위해 자신의 담을 허물었던 담장허물기가, 마을과의 관계 속에서 주민참여를 고민하던 한평공원이, 마을 안에서 이웃과 함께 더 나은 삶을 꿈꾸던 마을만들기가 복제됐다.

날개벽화가 유명세를 타자
전국 관광지에 날개가 등장했다.

무수히 많은 복제품 중에는 원래의 의도를 잘 살린 것도 있었고, 기존의 활동을 변용하여 새로운 가치를 만들어낸 것도 있었다. 하지만 상당수는 짧은 시간 안에 많은 숫자를 채우는 것을 목표로 겉모습만 복제했다. 중앙정부나 지방정부는 시민사회에서 성공을 거둔 활동을 제도로 흡수하고 예산을 편성했다. 예산이 만들어지니 전국의 지자체, 주민센터에서는 예산을 따내기 위해 그 마을에 어울리지도 않고, 그 일을 할 (주민이든 행정이든) 준비도 안 된 상태에서 사업계획서를 만들어 예산을 따냈다. 애초에 시민들이 주도적으로 이끌어가던 활동이니, 사업계획서에 '주민의 활동'이 명시되어야 했다. 주민이 당장 활동에 나서는 것은 가능하지 않았다. 생각 없는 복제의 결과가 좋을 리 없다. 세금과 인력이 낭비됐다. 세금이 지원되니 그 세금을 노리는 사냥꾼도 등장했다. 주민들이 동원됐다. 이런 일을 가까이서 지켜본 시민들은 시민참여 무용론을 펼치기도 했다.

자발적인 시민과 행정이 만나면 많은 일을 해낼 수 있다. 우리 도시가 변해온 과정을 봐도 시민과 행정이 만났을 때 큰 효과를 보았음을 알 수 있다. 하지만 적절하지 않은 행정의 지원과 제도화는 독이 된다. 숫자에 대한 집착을 버려야 한다.

돈으로
해결하기

1

　강남역 뉴욕제과. 강남에서 좀 놀아본 언니, 오빠, 누나, 형들의
만남의 장소. 강남에서 약속을 한다면 자동적으로 뉴욕제과 '앞'에
서 만나던 시절, 강남을 처음 가본 나와 강남에서 좀 놀아본 누나의
약속 장소도 당연히 '강남역 뉴욕제과 앞'이었다. 요즘에는 스마트
폰 어플 덕분에 길 찾는 일이 쉬워졌지만, 당시만 해도 길 찾기는 표
지판에 전적으로 의존했다. 처음 가보는 곳이라 잘 찾을 수 있을까
걱정을 했지만, 많은 사람이 약속 장소로 애용하는 뉴욕제과 앞이니
쉽게 찾을 수 있을 것 같았다. 많은 사람이 찾아가는 곳이니 당연히
강남역의 길 찾기 표지판에서 뉴욕제과의 이름을 찾을 수 있으리라
기대했다.

　서울지하철 2호선 강남역에 내린 나는, 길을 찾는 사람이라면 누
구나 그렇듯 플랫폼에 있는 지하철역 주변 안내도에서 뉴욕제과를
찾았다. 하지만 그곳에 뉴욕제과는 없었다. 뭐, 없을 수도 있다. 안내

도는 많이 있으니. 개찰구를 나와 마주한 안내도를 살폈다. 그곳에도 뉴욕제과는 없었다. 밖으로 나가는 계단 앞의 안내도에도, 출구 방향을 안내하는 표지판에도, 그 어디에도 뉴욕제과는 없었다. 모두가 찾아가는 유명한 약속 장소가 표지판에 없다면 도대체 뭐가 있단 말인가! 결국 약속 시간에 늦어버린 나의 패착은 강남역에 있는 '표지판'의 존재 이유를 믿어 의심치 않았다는 점이다.

표지판, 안내도는 사람들이 길을 쉽게 찾을 수 있도록 돕기 위해 존재한다. 그러니 많은 사람이 뉴욕제과 앞에서 만나고 그곳을 찾아가야 하니, 당연히 뉴욕제과가 표지판에 있을 것이라 생각했던 것이다. 하지만 표지판은 이미 안내도가 아니라 광고판이었다. 안내도는 보행자의 편의가 최우선으로 고려되어야 하지만, 보행자의 편의보다 광고 비용을 낼 수 있는가가 안내판 설치의 기준이 되었다. 몇몇 공공시설과 광고비를 낸 가게와 병원, 학원 등이 안내판을 차지하고 있다. 광고 계약이 끝난 가게는 스티커로 붙여놓아 안내판이 너덜너덜하다. 그리고 하단에는 '출구 표시 문의' 또는 '광고 문의'라는 글과 함께 전화번호가 적혀 있다. 주변 안내도가 아니라 주변 광고판이다.

주변 안내도가 아니라 주변 광고판이다. 광고가 반복되면서 안내도는 너덜너덜해진다.

2018년 9월 박원순 서울시장이 "지하철역의 광고를 모두 없애고 예술작품으로 바꾸자"라는 말을 했다며 논란이 일었다. 찬성하는 측은 무차별적인 광고로 인한 눈과 정신의 피로를 호소한다. 상업광고를 모두 빼고 예술작품을 설치한 우이신설선 신설동역에 대한 반응도 좋다. 반대하는 측은 적자인 서울교통공사가 연 440억 원의 광고 수익을 포기하는 것은 말이 안 된다고 한다. 찬성도 반대도 모두 일리가 있는 의견이지만, 지하철역 광고를 이대로 둬도 좋을지는 한번 생각해볼 만하다.

지하철역 광고는 피할 수도 없다. 그런데 너무 많다. 스크린도어, 벽면, 기둥, 지하철 접근을 알리는 전광판, 에스컬레이터 손잡이, 재난 시 이용 물품을 모아놓은 보관함, 개찰구 봉, 자동판매기 측면, 승차권 발매기 상부 등 가능한 모든 공간이 광고판으로 팔려나간다. 게다가 요즘에는 눈에 잘 띄게 하려는 의도에서인지, 똑같은 광고로 도배하는 경우도 많다. 눈과 정신의 피로를 호소할 만하다. 하지만 우리는 광고를 보는 덕분에 440억 원만큼 요금을 덜 내며 지하철을 탄다. 광고 없는 지하철역을 원한다면 그만큼 비용을 지불해야 한다.

우리가 세계 최대 동영상 사이트 유튜브에 올라오는 동영상을 무료로 볼 수 있는 것은 광고를 보기 때문이다. 광고 덕분에 무료로 동영상을 보지만 동영상 앞과 뒤, 중간에 나오는 광고는 성가신 존재다. 광고를 보지 않으려면 월 7,900원을 더 내고 광고 없는 프리미엄 서비스에 가입하면 된다.

지하철역 광고를 몽땅 없앨 필요는 없지만, 만약 광고 없는 지하철역을 만들어 공간을 비워두거나 다른 용도로 활용한다면 우리가 내야 하는 프리미엄 서비스의 비용은 얼마일까? 2017년, 무임승차를 제외한 서울지하철 탑승객의 수는 약 16억 명이다. 440억 원을 부담하려면 회당 27.5원의 요금을 더 내야 한다. 또는 그만큼의 세금이 지원되어야 한다. 낼 만한가?

도시에는 공짜로 누릴 수 있는 것이 많다. 책을 읽고 싶으면 도서관에 가면 되고, 공연을 보고 싶으면 시립합창단의 무료 공연을 볼 수 있다. 집 앞 도로를 이용할 때도 돈을 내지 않는다.

공짜라고 이야기했지만 정말 공짜는 아니다. 이 모든 것들을 운영하기 위해 우리는 세금을 낸다. 돈을 벌 때도, 쓸 때도, 물건을 사거나 팔 때도, 집이나 자동차를 소유할 때도. 그렇게 우리 모두가 낸 세금으로 우리 모두가 이용할 수 있는 것을 만드는 데 쓴다. 그리고 그것을 이용할 때 따로 돈을 내지 않는다.

'함께 내고 함께 사용하기'는 우리가 공동체를 이루고 살아가는 한 방식이다. 사람이라면 소득에 관계없이 기본적으로 누려야 할 것이 있다는 전제 아래, 그리고 기회와 재능, 행운 등은 모두 같을 수 없다는 생각이 더해져, 더 많이 벌거나 더 많이 쓰거나 더 많은 것을 소유한 사람들이 더 많은 세금을 내고, 그 사회의 구성원이라면 누구나 경제적 제약 없이 누린다. '함께 내고 함께 사용하는' 것의 종류는 시대에 따라 달라진다. 난 학교 갈 때 도시락을 싸 갔지만, 내 아이는 무상급식을 먹는다. 2008년 이전에는 돈을 내고 갔던 많은 국공립박물관들을 지금은 무료로 갈 수 있다.

공공의 이익을 위해 무료로 운영되는 것도 있지만, 반대로 공공의 이익을 위해 돈을 받는 경우도 있다. 남산1호터널에서 징수하는 요금은 터널이용료가 아닌 혼잡통행료다. 도심 교통량을 줄이는 것이 공공의 이익에 부합되기 때문에 그 목적을 위해 돈을 받는다. 버스나 3인 이상이 승차한 승용차는 요금을 내지 않거나, 요금 징수 시간이 평일 오전 7시에서 오후 9시까지인 것도 이 때문이다.

'지불'은 한정된 자원(세금)의 효율을 높이기도 한다. 강원도립극단은 2018년 10월에 뮤지컬 〈메밀꽃 필 무렵〉을 무대에 올리면서 무료 공연의 관례를 깨고 돈을 받았다. 관람료는 성인 기준 1만 원으로 시중 공연보다 저렴했다. 유료화 전 강원도립극단 공연의 사전 예매율은 평균 95퍼센트였지만, 예매자의 40퍼센트는 공연장에 오지 않았다. 유료화 후 예약 부도율은 5퍼센트로 줄어들었고, 총 12회 중 9회가 매진됐다.[1]

2015년에는 '축제'가 유료화되는 일이 있었다. 그동안 축제는 모두가 함께 즐기는 것이었지만, 유료화 이후 돈을 낸 사람만이 축제를 즐길 수 있었다. 진주남강유등축제는 1만 원의 입장료를 징수했다. 진주시는 행여 돈을 내지 않은 사람들이 유등을 구경할까 봐 남강 주위를 빙 둘러 펜스를 쳤다.[2] 부산불꽃축제는 구경하기 좋은 자리에 돈을 받았다. 티켓 값은 7~10만 원이었다. 불꽃놀이를 보고 싶으나 돈을 낼 의사나 능력이 없는 시민들은 시간을 들여 아침 일찍부터 자리를 맡았고, 돈을 낼 의사나 능력이 있는 사람들은 여유 있게 자신의 자리를 찾아갔다.[3]

두 축제가 유료화된 지 3년이 지난 2018년 10월, 두 축제는 서로 다른 길을 갔다. 진주남강유등축제는 다시 무료로 전환했고, 부산불꽃축제는 여전히 돈을 받았다. 진주시는 무료화가, 부산시는 유료화

일찍부터 자리를 맡고 있는 무료좌석 시민들(왼쪽)과 유료좌석(오른쪽). ©《연합뉴스》

가 성공적이었다고 자평했다.

공공이 제공하는 서비스를 모두 무료로 할 필요는 없다. 때로는 돈을 내는 것이 더 공정하거나 효율적이다. 하지만 우리는 왜 애초에 공공의 영역이라는 것을 만들어놓고, 세금으로 함께 지불하고, 그것을 즐기는 사람들의 문턱을 낮춰놓았는지를 생각해봐야 한다. 유료든 무료든, 그것이 공공성을 얼마나 높일 수 있느냐의 차원에서 접근해야 한다. 물론 돈을 받으면 일정 부분 공공성이 올라갈 수 있다. 그 돈이 어디 다른 곳으로 가는 것은 아니니까. 하지만 '돈이 곧 공공성이다'라는 차원의 접근은 곤란하다.

2

언제 자동차가 지나갈까 걱정하지 않고 편안하게 산책하고 싶다면, 그런 마을에서 아이가 안전하게 뛰어놀게 하고 싶다면 우리가 취할 수 있는 가장 손쉬운 방법은 그런 마을을 돈 주고 사는 것이다. 많은 아파트 단지는 이미 차 없는 아파트이며, 그런 아파트를 사거나 빌리면 차 없는 마을에서 살 수 있다. 차 없는 거리에서 여유 있게 쇼핑을 하고 싶다면 넓은 부지를 소유한 기업이 차 없는 쇼핑몰을 개발하게 하고 그 장소를 이용하면 된다. 아침저녁으로 아이를 어린이집에 등하원시킬 시간이 없다면 등원 도우미를 고용하면 된다. 지하철 재정이 부족하다면 길 안내판을 광고판으로 판매하면 된다. 미세먼지가 심하면 마스크와 공기청정기를 사면 된다. 정말 될까?

돈으로 해결할 수 있는 일이 많다. 애초에 돈은 가치를 저장하는 수단이고, 다양한 활동의 가치를 편하게 교환하기 위한 수단이 아니었던가. 문제가 생겼을 때, 원하는 것을 얻고 싶을 때, 개인의 경제 활동으로 얻어낸 돈을 사용함으로써 해결할 수 있다. 도시에서 살아가는 우리가 도시에 문제가 생기거나 도시 생활에서 얻고자 하는 것이 있을 때 돈을 적절히 사용하면 좋다. 하지만 그런 식으로 돈을 개인적 문제를 해결하는 데만 사용하는 건 곤란하다. 우리가 의미 있다고 생각하는 일에 돈을 쓰면 그 돈이 공공성을 높이고, 결국에는 우리 모두에게 이득이 되어 돌아온다.

인사동 표구점에서 중국산 기념품을 파는 것이 싫다면 표구점이 표구점으로 운영될 수 있도록 돈을 써야 한다. 우리 동네에 문방구가 하나쯤 있어야 한다고 생각한다면 문방구에 가서 물건을 사야 한다. 농약을 덜 쓰는 세상을 원한다면 유기농 농산물을 사야 한다. 도시 공공성을 높여야 한다고 생각한다면 그런 활동을 하는 단체를 후원해야 한다. 이런 방식이라면 돈이 도시의 문제를 해결할 수 있다.

14

배제로
해결하기

1

엄마들은 왜 "큰길에서 나가 놀지 마라"라고 했을까. 많은 사람이 골목 안에 모여 살던 시절, 골목길은 큰길과 달랐다. 골목은 집이라는 사적 공간과 큰길, 도시라는 공적 공간 사이의 전이 지대 역할을 했다. 골목길도 길이고 큰길도 길이지만, 당시 사람들에게 골목길은 집과 같은 공간으로 여겨졌다. 골목길에서 김장도 하고, 고추도 말리고, 수다도 떨고, 구슬치기도 했다. 골목에 있으면 안전하다고 생각했다. 골목 안에는 여러 시선이 존재했다. 그 시선은 상시적으로 (평상이나 구멍가게에) 존재하기도 했고, 순간적으로(지나가는 옆집 아저씨에게) 존재하기도 했다. 그렇게 골목은 잘 알고 지내는 사람들의 시선이 존재하는 곳이고, 도시에서 시선의 존재는 안전을 담보해주는 중요한 요소다.

요즘은 골목이 사라지고 있다. 물리적으로도, 관계적으로도 사라진다. 물리적으로 사라진 골목은 아파트 단지로 변했다. 물리적으로 남아 있는 골목도 그 안에서의 관계가 사라지고 있다. 바쁜 도시 생활 속에 지역 공동체의 중요성과 필요성이 줄어든 요즘의 골목에는 관계가 사라지고 있다. 관계가 사라진 골목은 위험하게 느껴진다. 서울시 여성가족재단에서 발행한 한 정책보고서는 서울에서 혼자 살고 있는 20대와 30대 여성이 주거유형별로 느끼는 안전에 대한 인식을 보여준다. 그들은 '연립/다세대 주택'이 가장 불안하다고 응답했고, 그다음이 '고시원/원룸', '오피스텔', '단독주택', '아파트' 순이었다.[1] 대도시에 혼자 사는 젊은 1인 가구의 특성상, 이들은 자신이 살고 있는 지역과 별다른 관계를 맺지 않고 살아간다. 관계가 없는 골목은 불안하다.

골목이 사라지고 있는 지금, 옛 골목처럼 전이지대의 역할을 하며 안전함을 느끼게 해주는 곳은 어디일까? 골목을 부수고 지은 아파트 단지의 길도 그 역할을 할까? 위의 정책보고서에 따르면 가장 안전하다고 느끼는 곳은 아파트다.

아파트 단지의 규모와 특성에 따라 단지 안 길에서 이루어지는 이웃과의 소통은 예전 골목길에서와 같이 활발하기도 하고, 전혀 이루어지지 않는 경우도 있다. 또 1~2층의 낮은 집이 다닥다닥 붙어 있는 물리적 특성상 반강제적으로 모두 얼굴을 알고 지냈던 골목길과는 달리, 아파트 단지에서는 '애써 외면함'이 가능하다. 엘리베이터에서 인사를 하지 않는다고 누가 뭐라고 하지도 않는다. 인사를 하면 어떤 이들은 반갑게 맞아주기도 하지만, 어떤 이들은 당황한다. 같은 아파트에 살아도 어떤 사람은 많은 이웃을 알고 지내며, 어떤 사람은 아무도 알지 못하고 지낸다. 좋게 말하면 삶을 '선택'하는 것이 가능하다고 할까? 이렇게 사람마다 아파트 단지에서 이웃과 맺는 관계가 다르지만, 공통적으로 느끼는 것이 있다. 자신이 이웃과 관계를 맺든 맺지 않든 간에, 아파트 단지 안에 선택된 사람들'끼리' 살고 있는 상황은 단지 안을 더 안전하게 만들어줄 것이라는 인식이다.

아파트의 일률적인 모습, 비슷한 가격, 비슷한 평수는 비슷한 사람을 모을 것이라는 예상을 하게 한다. 물론 이것이 옳은 판단은 아니다. 소득 수준 말고도 사람이 지닌 다른 특징이 무수히 많음은 자명하다. 하지만 여기에서 가능한 것은 배제다. 아파트의 가격을 지불하지 못하는 사람들을 배제하는 것이다. 그리고 그들을 알고 지내건 알고 지내지 않던 간에 같은 마을, 같은 공동체 안에서 살아가는 사람들'만'이 모여 있다는 것에서 오는 안도감이 있다. 배제를 통해 느끼는 안전이다.

사실 예전 골목 안에 살던 부모들이 골목길을 안전하게 느꼈던 것도 비슷한 이유다. 골목길은 사유지는 아니지만 사유지와 비슷한 성격을 갖는다. 골목길은 그 골목에 살고 있는 사람들의 것처럼 느껴진다. 골목에 살고 있는 사람들은 그 골목에 들어서면 편안함을 느낄지 모르지만, 그곳에 살지 않는 사람들이 골목에 들어섰을 때 때때로 남의 집에 들어간 것 같은 느낌을 받는다. 그런 이유로 골목길은 지름길이 될 때도 있지만, 통과하기 꺼려지는 공간이 되기도 한다. 그래서 만약, 골목에 낯선 사람이 있다면 오지랖 넓은 골목 사람은 이런 질문을 한다. "누구냐, 넌!"

둘 다 배제의 속성을 갖고 있지만 그 근본에는 차이가 있다. 골목길은 원칙적으로 누구에게나 열린 공간이다. 아무나 지나갈 수 있다는 뜻이다. 하지만 아파트 단지는 누군가에게 소유되어 있는 공간이다. 실제로는 사람들이 지나갈 수 있지만, 법적으로는 소유자 이외의 사람들을 배제할 수 있다. 그래서 우리는 종종 "아파트 쪽문을 막아 초등학생들이 길을 돌아가" 따위의 뉴스를 접하게 된다. 이때 우리의 반응은 둘로 나뉜다. '너무 했네'와 '사유지인데 그럴 수 있지'로.

길의 주인이 누구인가는 매우 중요한 질문이다. 둘 다 실질적 배제가 존재하지만, 하나는 공공의 소유, 즉 우리 모두의 공간이고, 하나는 개인들의 소유다. 여기서 오는 차이는 크다. 길을 막는 행위가 존재하며, 아무래도 심리적으로 더 당당하게 외부 사람들을 막아서게 된다. 지금도 수많은 아파트 단지가 생긴다. 하나의 아파트 단지가 생길 때마다 예전에는 골목길이었던, 우리 모두의 소유였던 길이 누군가의 소유로 바뀐다. 그런 개인 소유의 덩어리들이 도시 곳곳을 채운다. 우리는 그 큰 덩어리 사이를 빙 돌아다닌다.

좀 더 안전한 삶, 편안하고 쾌적한 삶을 위해서는 그런 삶을 담아내는 좋은 주거지가 필요하다. 우리 도시에서 좋은 주거지를 만드는 가장 보편적인 방법은 담장을 둘러친 아파트를 만드는 것이다. 담장을 쌓고, 담장 안쪽을 좋은 주거지로 만들고, 담장 안쪽으로 이사 오려 한다.

골목길이 아파트 단지로 바뀌면 공유지가 사유지로 바뀐다.

2

'노키즈존'은 배제를 통해 문제를 해결하려는 대표적인 시도다. 음식점이나 카페에서 소란을 피우는 아이들의 문제를 배제로 해결한 것이다. 아이를 배제한 카페의 등장에 대한 여론은 둘로 갈렸다. 자신의 영업장에 들어올 수 있는 사람을 결정하는 것은 영업의 자유에 속한다는 의견과, '나이'를 기준으로 특정 부류의 사람의 출입을 금지하는 것은 인권 침해라는 의견이 그것이다. 2017년 11월 국가인권위원회는 13세 이하 어린이의 출입을 막은 제주도의 한 식당 주인에게 "합리적인 이유가 없는 차별 행위"라며 "향후 어린이의 출입을 금지하지 말라"라고 권고했다. 인권위는 "모든 아동 또는 아동을 동반한 모든 보호자가 사업주나 다른 이용자에게 큰 피해를 입히는 것은 아니다"라며 "아동의 식당 이용을 전면적으로 배제하는 것은 일부의 사례를 객관적·합리적 이유 없이 일반화한 것에 해당한다"라고 설명했다. 또 "아동을 동반한 보호자에게 안전사고 방지를 위한 주의사항을 설명하고, 경우에 따라 이용 제한이 가능하다는 것을 미리 고지하는 등의 다른 방법으로 문제를 풀 수 있다"라고 덧붙였다.

인권위 발표가 나오기 9일 전, 취업포털 인크루트와 여론조사 업체 두잇서베이는 전국의 20대 957명을 대상으로 한 '노키즈존 설문조사' 결과를 발표했다. 20대의 73.4퍼센트는 '공공장소에서 아이들로 인해 불편을 겪은 적이 있다'라고 말했고, 51.1퍼센트는 노키즈존에 찬성했다. 노키즈존이 고객의 행복추구권을 보호하기 위한 장치라고 생각하는가라는 질문에는 56.0퍼센트가 '그런 편'이라고 응답했고, '아닌 편'이라고 응답한 사람은 19.5퍼센트였다.

노키즈존이 확산되면서 어린이와 부모들의 '배제'가 일어날 것을 우려하기도 하지만, 우려할 만큼 많은 영업장이 노키즈존으로 바뀐 것은 아니다. 또 특정 카페나 음식점은 '아이들의 소란스러움을 허용함'을 마케팅 수단으로 사용한다. 아이들이 자유롭게 뛰어다닐 수 있는 카페나 음식점도 존재한다. 이러한 종류의 카페나 음식점은 공식적으로 아이가 없는 손님의 출입을 금지하지는 않지만, 아이를 동반하지 않는 손님들은 그런 영업점을 잘 찾지 않는다. 이는 실질적 배제에 해당한다. 또 많은 애견카페에서는 애견을 동반하지 않는 사람들의 출입이 금지되어 있다. 오래전부터 나이트클럽과 같은 젊은 이들의 장소에는 나이 든 사람들의 출입은 금지됐다. 젊은이들의 출입이 금지된 콜라텍도 존재한다. 특정인들의 출입을 금지하는 '배제의 공간'은 이미 오래전부터 있어왔고, 지금도 새로운 배제의 공간이 생기긴 하지만, 이런 곳에서의 '배제'는 노키즈존처럼 크게 이슈화되지 않았다.

오히려 공간이 세분화되면서 각각의 공간이 갖는 다양성이 증가하는 것으로 해석할 수도 있다. 사람들은 상황에 따라 다양한 공간 가운데 하나를 선택할 수 있다. 아이를 키우는 부모도 아이와 함께라면 아이의 출입이 허용되거나, 아이의 '소란스러움'이 장려되는 장소를 찾고, 아이로부터 해방되고 싶은 마음이 들 때는 아이를 두고 노키즈존 카페에 갈 수도 있다. 이런 다양한 장소의 존재는 선택의 문제로 여겨진다. 그렇다면 왜 노키즈존을 둘러싸고는 많은 논쟁이 있었을까?

이는 그러한 '구분'과 '배제'가 필요나 기호에 의한 것이냐, 혐오에 의한 것이냐로 말할 수 있을 것 같다. 물론 '필요나 기호'와 '혐오'가 완전히 분리되지는 않는다. 하지만 그 논의의 중심이 무엇이냐는 살펴볼 수 있다. 노키즈존이 이슈화될 때 함께 회자된 단어는 '맘충'이었다. 모든 부모가 그러한 것도 아니지만, 일부 사람들은 공공의 질서를 아랑곳하지 않고 자신과 자신의 아이만을 위하는 모습을 보였다. 그것이 '맘'이라는 특정 성별과 '충'이라는 혐오의 단어가 합쳐지면서 노키즈존 논의의 장에 중심 단어로 등장했다. 노키즈존을 인정하는 것은 '다양성'을 인정하는 것이 아니라 '혐오'를 인정하는 셈이 되어버렸다. 이런 상황이 되면 합리적인 논의는 불가능하다. 난 직관적으로 노키즈존의 필요성이나 존재를 인정하지만, 내가 나서서 노키즈존을 인정하기 꺼려지는 지점이 바로 이 곳이다. 노키즈존의 확산이, 이로 인한 다양한 '배제'의 등장이, 다름의 인정과 상황에 따른 선택의 확산이 아닌 혐오의 확산, 서로 다른 사람들 간의 반감의 확산으로 이어지지 않을까 하는 두려움 때문이다.

그리고 해당 공간에서 지켜야 할 태도를 암묵적으로 동의함으로써 실질적 배제가 일어나는 것과, 개인이 어찌할 수 없는 자격을 내세워 공식적으로 배제하는 것은 다르다. 또 배제의 기준이 되는 것 중 해서는 안 되는 배제가 있다. 기호나 편의의 문제가 아닌 차별의 문제가 될 때 그러하다. 아무리 많은 사람이 계단 오르는 것을 좋아한다 하더라도, 도시가 계단으로 이어질 경우 계단을 오를 수 없는 사람들을 원천적으로 배제한다. 인종이나 지역, 성별에 의한 배제는 차별이다. 다수에 의한 소수의 배제, 강자의 약자에 대한 배제는 억압이다.

자격 제한과 행위 규범. No Kids Zone과 No Running Kids Zone

선택할 수 있는 다양한 공간이 만들어지는 것은 좋은 일이다. 하지만 어떤 문제가 발생했을 때, 그 문제를 해결하는 방식으로 배제를 선택하는 것은 지양해야 한다. 그건 그냥 문제를 멀리 치워놓을 뿐이다. 그렇게 하나하나 분절된 공간을 많이 만드는 방식보다는 함께할 수 있는 역량을 키우는 것이 어떤가?

3

눕고 싶다. 특히나 이 글을 쓰는 오늘처럼 볕 좋은 봄날에는. 약간 쌀쌀하긴 하지만, 공원을 비추는 햇빛 아래라면 금세 몸이 데워질 것이다. 몸을 덥혀 체온을 올려야 움직일 수 있는 차가운 뱀처럼, 난 햇빛 잘 드는 벤치를 찾아 공원을 돌아다녔다. 공원 안 광장 너머에 있는 벤치. 넓은 공간 옆에 있는 덕에 그늘을 피했다. 내가 누울 곳. 난 빠른 걸음으로 그 벤치를 향해 갔다. 하지만 이내 그 벤치에는 누울 수 없음을 알았다. 벤치는 눕기보다는 기계체조 '안마'를 하는 것에 더 최적화되었다. 벤치 사이에 있는 두 개의 철제 구조물은 안마의 포멜 같았다. ('포멜'이라는 이름을 처음 들어봤겠지만, 여러분이 생각하는 바로 그것의 이름이 맞다.) 하지만 절망하고 포기하기에는 볕이 너무 좋다. 나는 재빨리 다른 벤치로 시선을 돌렸다. 하지만 옆의 벤치에도, 그 옆의 벤치에도, 그 너머의 벤치에도 포멜이 달려 있었다. '얼어 죽을…' 나도 모르게 혼잣말이 튀어나왔다. 눕지도 못하게 할 거면 그냥 1인용 의자를 가져다 놓지, 왜 벤치를 놓았냐는 말이냐! '벤치에 앉아'보다 '벤치에 누워'가 더 어울리지 않나? 이는 필시 나의 봄날의 여유를 시샘하는 누군가의 모략이 분명했다. 난 그 모략에 굴복하여 그냥 공원을 떠났다.

　물론 이는 나를 눕지 못하도록 설치된 시설이 아니다. 이 포멜의 타깃은 노숙인이다. 사람들은 내가 잠깐 눕는 것까지 시샘하지 않는다. 내가 눕든 말든 관심도 없다. 사람들은 노숙인이 '꼬일'까 봐 노심초사다. 사람이 누울 수 있는 벤치가 만들어지면 나뿐만 아니라 노숙인도 누울 수 있는데, 노숙인이 눕는다는 것은 그 지역 안전의 위험신호로 받아들여진다. 노숙인을 막는 것이 좋겠다고 생각해 그렇게 눕지 못하는 벤치가 만들어지고, 노숙인은 다른 곳으로 가고, 나는 공원을 떠났다.

노숙자를 막기 위한 칸막이 벤치. 결국 나도 막았다.

에필로그

우리는
어떤 도시에 살고 싶을까?

 도시는 많이 변했다. 어린 시절 단독주택에서 살았던 나는 동네 골목에서 뛰어놀았지만, 내 아이는 아파트 놀이터에서 논다. 아이들이 마음껏 뛰어놀던 골목은 자동차로 뒤덮여 있거나 아파트가 되었지만, 차 없는 아파트가 늘어나면서 공원 같은 집에서 사는 사람들도 늘어났다. 어린 시절 내가 살던 인천에서 서울로 가는 경우는 1년에 두세 번 외가댁이나 큰 서점에 갈 때뿐이었다. 지금은 잘 연결된 길을 따라 수시로 들락거리며 두 도시를 함께 즐긴다. 갯벌이었던 송도 앞바다는 국제도시가 되면서 생태계가 파괴되고 멋진 건물과 공원, 박물관과 공연장이 생겼다. 주거지와 섞여 있던 공장은 도시 외곽으로 이전하면서 공장 굴뚝의 매연은 사라졌고, 늘어난 자동차의 배기통이 공장 굴뚝을 대신한다. 분식집을 하던 아버지는 한손에 철가방을 든 채 자전거를 타고 위태롭게 찻길 한쪽을 달려 음식을 배달했지만, 난 아이와 주말에 강변의 자전거 길을 운동 삼아 달린다. 아는 사람들만 알며 고즈넉함을 즐겼던 전주한옥마을은 온갖 음식을 파는 옛 저잣거리와 같은 시끌벅적한 모습으로 변해 엄청나게 많은 사람이 찾는 곳이 됐다. 피맛골의 고갈비집이 사라진 곳에 멋없는 네모난 건물이 생겼고, 아무도 관심 갖지 않던 연남동에는 독특한 음식점이 즐비해졌다. 도시는 많이 변했다.

어떤 도시가 좋은 도시라고 말할 수 있을까? 단독주택이 있는 도시가 좋은 도시일까, 아파트가 많은 도시가 좋은 도시일까? 작은 집들 사이사이에 조그마한 텃밭이 하나씩 있고 걸어서 대부분의 일상이 해결 가능한 도시가 좋은 도시일까, 첨단의 고층빌딩 사이를 연결하여 작은 도시라면 얻을 수 없는 다양한 편의를 누릴 수 있는 도시가 좋은 도시일까? 이웃과 정을 나누는 도시가 좋은 도시일까, 익명의 편안함을 즐기는 도시가 좋은 도시일까?

이 책을 쓰면서 내 머릿속에 계속 남아 있던 질문이다. 글을 쓰다가 꽉 막혀버리는 부분도 바로 이 부분이었다. 시민들이 바꾸고자 했던 것은 취향의 영역인가, 정의의 영역인가?

취향의 영역과 정의의 영역은 때로는 분리되어 있고, 때로는 얽혀 있다. 아파트를 단독주택보다 더 좋아하는 것은 취향의 영역일 수 있지만, 그로 인해 도시가 단절되는 것을 취향의 영역일 뿐이라고 보기는 어려웠다. 자동차가 더 빨리 다닐 수 있는 도시구조를 만들 수는 있지만, 자동차 중심의 도시가 보행자의 희생을 강요한다면 이는 옳고 그름의 문제가 된다. 도시가 변화하고 그로 인해 해당 지역의 구성원이 변하는 것은 자연스러운 일이지만, 이를 통해 누군가는 이득을 얻고, 누군가는 손해를 보고, 그 이득과 손해의 정도를 결정짓는 것은 우리가 이 도시에 만들어놓은 제도라는 데 생각이 미치면 이를 '원래 그런 거야'라고 내버려두기는 어렵다. 당위성을 가지고 도시를 만들어간다 해도, 그 '당위'는 누가 만들고 결정하는 것이냐는 원론적인 문제에 일단 부딪히고, 당위만으로는 일이 제대로 굴러가지도 않는다는 현실적인 문제에 또 부딪힌다. 어떤 것들은 '단 하나만' 존재한다면 그것의 모습이 정의의 영역에 해당하다가도, 그것이 여러 개 존재할 때는 취향의 영역으로 옮겨 올 수도 있다.

난 우리 도시에 취향의 영역이 많았으면 좋겠다. 하나의 문제를 두고 대립하고 그것 때문에 피 튀기며 싸우는 것이 아니라, 이런 것도 있고, 저런 것도 있고, 이런 사람도 있고, 저런 사람도 있고, 그 안에서 선택할 수 있는 것들이 많아졌으면 좋겠다. 그 안에서 때로는 익명의 편안함을 느끼고, 때로는 공동체의 포근함을 느끼며, 첨단 교통수단의 신속함과 편리함도 느끼고, 걷기의 즐거움도 느낄 수 있는 그런 도시 말이다. 그렇게 되려면 우선 우리는 우리 도시를 알아야 하고, 도시에 대해 발언해야 하고, 도시를 함께 만들어가야 한다.

사람들은 다양하다. 다양한 사람들이 원하는 도시 또한 다양하다. 또 우리 개개인의 취향도, 생각도, 상황도 변한다. 우리는 때로는 운전자이고, 때로는 보행자다. 우리는 때로는 자동차를 이용해 빨리 이동할 수 있는 도시를 원하고, 때로는 천천히 걸을 수 있는 도시를 원한다. 마을보다는 도심에서 보내는 시간이 많은 청년 시절에는 마을이 별로 중요하지 않을 수도 있다. 그런데 아이를 낳고 키우기 시작하면 마을은 아주 중요해진다. 내가 경계하는 것은 도시가 획일적으로 변하는 것이다. 선택지가 사라진 도시는 얼마나 재미없나. 그래서 난 무엇이 옳고 그른가에 대한 판단이 서지 않을 때, 그것이 도시를 획일적으로 만드는가 아닌가를 생각한다. 다양성을 추구하더라도 그 안에서 원칙은 지켜야 한다. 약자를 차별하지 않는 도시, 세금을 낭비하지 않는 도시, 시민의 자율성이 보장되고 그 행동에 따른 책임과 권리가 잘 작동되는 원칙 말이다. 다양한 가치가 공존하는 도시를 만들기 위해서는 우리가 우리의 도시를 잘 알아야 하고, 도시에 대해 발언해야 하고, 도시를 함께 만들어가야 한다. 그렇게 많은 사람이 나선다면, 우리의 도시는 다양해질 수 있으리라 난 믿는다. 우리는 그만큼 다양하니까.

시민들이 도시에 관심을 갖지 않을 경우, 도시는 한쪽 방향으로만 바뀔 우려가 있다. 도시의 변화를 통해 직접적·금전적 이득을 보는 사람들은 자신들의 욕망에 맞춰 도시를 바꿔간다. 이들은 힘도 막강하고, 노력도 줄기차다. 그로 인해 얻는 이득이 크기 때문이다. 그렇다면 시민들은 어떨까? 시민들도 도시공간이 어떻게 바뀌느냐에 많은 영향을 받는다. 그리고 그것은 시민의 이득으로 다가오기도 한다. 어떤 공간이 변할 때 공공성을 높이는 공간이 될 것인가, 한 개인의 사적 이득이 가득한 공간으로 바뀔 것인가는 그것을 둘러싼 사람들의 노력에 달려 있는 경우가 많다. 공공성이 높아지면 시민들의 이득이 커진다. 하지만 그때 한 개인이 얻을 수 있는 이득은 그 공간이 사적 이득의 공간으로 변했을 때 한 사람이 취할 수 있는 이득과는 비교가 되지 않는다. 따라서 보통의 시민 한 사람은 그 공간의 변화로 큰 이익을 얻는 사람들만큼 노력을 할 수가 없다. 그 공간이 공공성을 가진 공간으로 변하는 것이 그곳에 사는 사람들에게 좋긴 하지만, 그로 인해 얻을 수 있는 이득과 그 이득을 얻기 위해 해야 하는 노력이라는 것을 비교해보면 얻는 이득에 비해 훨씬 많은 노력을 들여야 할 경우가 많기 때문이다.

배다리의 사례에서 보듯이 때로는 자신의 삶을 내던지고 추운 겨울에 천막을 지켜야 할 수도 있다. '집 앞 공터에 찻길 말고 공원을 만들자' 따위의 요구를 하기 위해 천막 안에서 겨울을 날 사람이 얼마나 되겠는가? 그것은 가능하지도 않고 그렇게 해서도 안 된다. 왜 모두가 누리는 공원을 위해 몇몇 사람이 일상을 내던지고 천막 생활을 해야 하나? 방법은 있다. 여러 사람이 힘을 모으는 것이다. 그러려면 우리는 도시에 관심을 가져야 한다. 그리고 그 도시를 사람들이 살아가기 좋은 도시로 만들 수 있는 노력을 나눠야 한다. 그렇게 서로 짐을 조금씩 나눠 가져야만 사람들은 도시를 위해 즐거운 참여와 발언을 할 수 있다. 시민들이 자신의 삶의 작은 부분을 떼어내 내가 살고 있는 도시를 살고 싶은 도시로 만들기 위한 활동을 하면 좋겠다. 그것은 자신의 삶의 질을 높이는 데도 분명히 기여할 것이다. 그 참여와 발언은 즐거운 일일 수도 있고, 소중한 경험일 수 있고, 좋은 사람과의 만남일 수도 있고, 우리 아이에게 훌륭한 교육이 될 수도 있다. 그렇게 '희생'이 아닌 즐거운 참여와 발언이 되기 위해서는 많은 사람이 관심을 갖고 함께해야 한다. 우리 도시는 그렇게 변해왔다.

도시는 자연스럽게 변하고 있는 것 같지만, 지금 도시의 모습이 되기까지, 도시를 만들어간 사람들이 있었다. 그들은 시민이기도 했고, 행정가이기도 했고, 전문가이기도 했다.

유명 여행 프로그램에서 서울의 북촌을 다룬 적이 있다. 한 패널

항구도시 인천의 바다는 항만보호구역과 군사보호구역으로 막혀 있다. 그중 인천 내항 8부두가 40년 만에 시민에게 임시 개방됐다. 그렇게 돌아온 내항 8부두를 주차장으로 사용하자, 내항이 시민의 놀이 공간이 될 수 있음을 보여주기 위해 '내항에서 놀자'라는 프로그램이 시민들에 의해 만들어졌다. 놀이도 참여가 될 수 있다.

이 피맛골은 사라졌는데, 북촌, 서촌, 익선동과 같은 곳은 살아남아 있는 이유를 건축가에게 물었다. 건축가는 '반작용'이라는 말로 설명을 했다. 어렸을 적 마당과 골목이 있는 집에서 살았던 사람들에게 큰길만 존재하는 지금의 도시는 공적 외부공간만 존재한다고. 지금의 도시공간은 너무 빨라서 머물 곳이 없다고. 이에 대한 반작용으로 느린 공간, 보행 공간, 자동차가 잘 들어가지 못하는 공간, 사적 외부공간의 느낌이 있는 곳으로 사람들이 몰린다고. 물론 맞는 말이다. 사람들의 그런 욕구가 있기 때문에 장소가 살아남고 사람들의 관심을 불러일으킨다. 하지만 '북촌이 왜 살아남았나'라는 질문에 답할 때는 '그것을 지키려는 사람들의 노력이 있었기 때문이다'

라는 답이 먼저 나와야 한다. 느린 공간에 대한 욕구, 현 상황에 대한 반작용과 같은 분석은 그다음이다.

실제로 우리 도시에는 느린 공간에 대한 욕구를 훨씬 뛰어넘는 개발의 욕망이 존재한다. 이는 북촌과 서촌, 익선동은 살아남았지만 그 이외의 공간들은 대부분 사라진 것에서도 볼 수 있다. 북촌에서도 한옥을 부수고 개발하려는 시도가 있었다.

북촌은 서울의 대표적인 한옥 밀집 지역으로 보존되어왔다. 1977년 최고 고도 지구 지정, 1983년 북촌 전역을 제4종 미관지구로 지정하면서 본격적인 한옥 보존 정책이 시작됐지만, 경직된 규제에 의한 동결식 한옥 보존 정책은 북촌에 살고 있는 주민들의 생활환경을 악화시켜 주민들의 반발을 초래하게 되었다. 이에 1991년 이후 북촌에 대한 각종 규제가 완화됐다. 그러자 한옥은 철거되고 그 자리에 다세대, 다가구 주택이 지어졌다. 북촌 주민들의 규제 완화 요구가 한옥 멸실의 원인을 제공했지만, 또 다른 북촌 주민들은 전통 주거지의 특성을 간직한 지역의 성격이 사라지는 것을 우려했다. 1999년 9월 '서울시장과의 토요데이트'에서 주민들은 북촌마을 현안 해결 및 보존 대책 수립을 요구했다.[1] 시민사회에서도 북촌의 가치를 서울시민과 북촌 거주민들에게 알리려는 노력을 했다. 시민과 주민이 북촌의 가치를 알지 못하면 북촌을 지킬 수 없다고 생각했기 때문이다.

지금이야 북촌에 너무 많은 관광객이 오는 것이 문제지만, 당시만 해도 북촌은 시민들의 관심 밖에 있었고, 많은 사람은 한옥을 부수고 더 높은 집을 짓고 싶어 했다. 시민사회의 활동은 북촌의 가치에 동의하는 시민들이 늘어나는 데 기여했다. 서울연구원의 연구원과 서울시 공무원은 북촌 구석구석을 발로 뛰며 주민을 만나 북촌 가꾸기 기본 계획을 만들어냈다. 북촌을 좋은 한옥 주거지로 만들기 위한 대책이 세워졌다. 북촌은 북촌을 지키려 했던 주민, 시민사회, 행정가, 연구자들의 노력이 있었기 때문에 살아남은 것이다. 그들의 노력이 없었으면 북촌은 2000년대 초반에 빌라촌이 됐을 것이다.

시민들의 많은 노력으로 도시는 바뀌어왔다. 어떤 시민들은 도시에서 이동할 수 있는, 너무도 당연해 보이는 권리를 얻기 위해 지하철 선로를 점거하고 버스에 자신의 몸을 쇠사슬로 묶어야 했다. 자신의 마을을 관통하는 도로를 막고자 추운 겨울날 천막을 지킨 시민도 있다. 이들은 자신의 삶의 일부분을 떼어내 '희생'했고, 그 희생의 결과를 우리 도시를 살아가는 사람들이 함께 누리며 살고 있다.

어떤 시민들의 노력은 힘든 투쟁의 과정이 아니었다. 서울의 보행 환경이 개선되는 과정은 시민사회와 전문가, 시의회, 서울시가 머리를 맞대고, 협력하고, 토론하며 만들어왔다. 주민참여가 당연한 도시를 만들기 위해 일군의 시민들은 작은 공간에서부터 주민참여가 가능함을 사례로 입증했다. 한 기업인의 기부로 도심 한복판에 공원이 생기기도 하고, 자신의 가게가 장사가 잘됐으면 하는 바람으로 시작했던 활동이 사람 중심의 거리를 만들고, 도시 생태계를 유지하고, 우리 사회의 경제민주화와 갑질문화 개선에까지 영향을 주었다. 도시에 관심이 많은 몇몇 시민의 노력은 분명히 우리 도시에 많은 영향을 주었다. 더 많은 시민이 함께한다면 더 많은 변화를 쉽게 만들어낼 수 있다.

1997년 자동차로 둘러싸인 서울시청앞광장을 사람의 광장으로 만들기 위해 시민단체와 전문가와 행정이 서로 머리를 맞대어 몇 가지 설계안까지 나왔지만 결과적으로는 무산되었다. 그런데 왜 2002년에는 그 일이 이루어졌을까? 시민들이 공감하고 함께했기 때문이다. 1997년에도 몇몇 시민은 서울시청앞광장이 보행자 광장이 됐으면 하는 바람을 가졌지만, 그것이 대부분의 시민들과 공감을 이루지는 못했다. 사람들은 차가 막힐 것이 더 걱정이었고, 또 서울시청 앞에 광장이 있건 말건 별로 관심이 없었다. 하지만 2002 월드컵을 통해 시민들이 광장문화를 직접 체험하고 나서 상황은 완전히 바뀌었다. 그 결과를 우리는 지금 보고 있다.

　　시민들이 도시에 관심을 갖고, 도시에 대해 발언을 하고, 원하는 도시를 만들어가는 데 힘을 보탠다면, 우리는 힘든 투쟁의 과정 없이도 함께 머리를 맞대고, 때로는 갈등하고 토론하며, 때로는 힘을 합쳐 우리 도시를 살기 좋은 도시로 만들어갈 수 있을 것이다. 시민은 도시를 바꿀 수 있다. 자신의 삶이 허락하는 범위 안에서, 부담 느끼지 않고 즐겁게 활동할 수 있는 방법을 찾아, 자신이 원하는 도시를 만들기 위해 행동하는 시민들이 늘어났으면 좋겠다. 나도 딱 그만큼 떼어놓았다.

프롤로그

1 "붉은악마의 뿌리를 찾아서." 《조이뉴스24》(2006.5.21.)

2 "한-미전 때 시청 앞에 대형 전광판 설치." 《연합뉴스》(2002.6.7.)

3 "추억의 2002 붉은악마 편, '나 다시 돌아갈래!'" 《스포츠조선》(2014.6.12.)

4 박지혜. 「서울시청 앞 광장의 공간 분석과 도시 공공성의 변천 과정」. 2017. 45쪽.

5 걷고싶은도시만들기시민연대 홈페이지. http://www.dosi.or.kr/active/
movement-for-making-seoul-square/)

01 서울광장을 지켜낸 시민들

1 서현. 「도시인가 정글인가」. 《걷고싶은도시》(2004년 5,6월호.) 19쪽.

2 서현. 「도시인가 정글인가」. 《걷고싶은도시》(2004년 5,6월호.) 20쪽.

3 서현. "상상력 빈곤, 정치적 야심에 사라진 '빛의 광장'." 《신동아》(2004년 4월
호.)

4 강병기. 「주민참여가 넘어야 할 벽」. 《걷고싶은도시》(2004년 5,6월호.) 5~6쪽.

5 국가인권위원회 전원위원회 결정문. 사건 05진차364 서울광장 사용신청 불허

로 인한 평등권 침해(2006.5.22.)

6 김상철. "다시 묻는다, 서울광장은 누구의 것인가?"《미디어스》(2015.4.3.)

02 횡단보도가 놓이고, 보도턱이 낮아지기까지

1 1997년 제정된 '장애인, 노인, 임산부 등의 편의 증진 보장에 관한 법률'에 횡단
보도 보도턱 낮춤이 명시된다. 현재는 '교통약자의 이동편의 증진법'에 따라 횡
단보도의 보도와 차도 경계 구간은 높이 차이가 2센티미터 이하가 되도록 규정
하고 있다.

2 이신해. 「걷는도시서울」. 서울연구원. 2016. 16쪽.

3 김도현. 『차별에 저항하라』. 박종철출판사. 2007. 103~113쪽.

4 '장애인, 노인, 임산부 등의 편의증진에 관한 법률'이 '시설의 이용'에 방점이 찍
혀 있다면, '교통약자의 이동편의 증진법'은 '보행권', '이동권'에 중심을 두고
있다. 두 법의 제정목적은 다음과 같다. 장애인, 노인, 임산부 등의 편의 증진에
관한 법률: 이 법은 장애인, 노인, 임산부 등이 생활을 영위함에 있어 다른 사람
의 도움없이 안전하고 편리하게 시설 및 설비를 이용하고 정보에 접근하도록
보장함으로써 이들의 사회활동참여와 복지증진에 이바지함을 목적으로 한다.
교통약자의 이동편의 증진법: 이 법은 교통약자가 안전하고 편리하게 이동할
수 있도록 교통수단, 여객시설 및 도로에 이동편의시설을 확충하고 보행환경을
개선하여 인간중심의 교통체계를 구축함으로서 이들의 사회참여와 복지증진
에 이바지함을 목적으로 한다.

5 걷고싶은도시만들기시민연대 홈페이지. http://www.dosi.or.kr/active/
movement-for-walking-ordinance/

6 김은희·정석·임상진 외. 「한국의 보행환경 개선: 정책 및 성과」. 한국교통연구
원. 2015. 100~101쪽.

7 김은희 · 정석 · 임상진 외. 「한국의 보행환경 개선: 정책 및 성과」. 한국교통연
구원. 2015. 79~87쪽.

8 서울열린데이터광장. http://data.seoul.go.kr/

9 "부평문화의거리 입구, 12년만에 횡단보도 설치."《오마이뉴스》(2016.11.24.)

10 "횡단보도 없는 석바위사거리, 장애인은 '목숨 걸고 무단횡단'".《비마이너》

(2015.7.13.)

11 "대구 서문시장, 32년만에 횡단보도 설치."《경북일보》(2017.3.27.)

03 그들은 왜 자동차로부터 마을을 지켜내려 했을까?

1 민운기·최성용.「도로로부터 마을을 지켜온 지난한 이야기」.《걷고싶은도시》

(2016년 여름호). 14쪽.

2 P. D. 스미스.『도시의 탄생』. 엄성수 옮김. 도서출판 옥당. 2015. 115쪽.

3 피터 홀.『내일의 도시』. 임창호·안건혁 옮김 도서출판 한울. 2000. 379쪽.

4 피터 홀.『내일의 도시』. 임창호·안건혁 옮김 도서출판 한울. 2000. 386쪽.

5 서울연구데이터서비스. http://data.si.re.kr/

6 서울정책아카이브. https://seoulsolution.kr/ko/content/3250

7 "주차장 없애는 오슬로. '차 없는 날' 늘리는 파리."《머니투데이》(2018.3.3.)

04 여기서 벼룩시장을 열면 안 되나요?

1 이희연·한수경.『길 잃은 축소도시 어디로 가야 하나』국토연구원. 2014. 241쪽.

2 "5월 가정의 달 맞아 아파트서 어르신 효잔치 개최."《아파트관리신문》

(2018.5.15.)

3 평상시 비어 있던 황어장터 광장은 광장 옆에 어린이집이 생기면서 활기를 찾
았다. 집과 어린이집을 오가는 아이들이 광장에 들러 놀았고, 이는 다른 어린이
와 어른들을 끌어들였다. 공간을 살리기 위해서는 공간과 주변의 관계 맺기가
중요하다.

4 도시, 군계획시설의 결정, 구조 및 설치기준에 관한 규칙 89조 1항.

5 클래런스 페리 지음.『근린주구론』. 이용근 옮김. 커뮤니케이션북스. 2013.

96~100쪽.

6 "대구교육청 허문 학교 담 재설치 예산 '줄줄'."《서울 Public News》
(2015.4.3.)

05 '거리' 가꾸기에서 '사회'로 퍼져나간 상인운동

1 이소영.『꿈꾸는 상인들의 마을만들기. 부평에서 길을 찾다』. 도서출판 Read &
   Change. 2009. 63~82쪽.

2 새로운 사회를 여는 연구원.『새로운 사회를 여는 희망의 조건』. 시대의 창.
   2008. 348쪽.

3 "대형마트 규제. 상인이 직접 나선다."《오마이뉴스》(2007.12.10.)

4 "롯데마트, 영세 상인 생존 위협 〈부평상대협〉."《연합뉴스》(2007.12.21.)

5 "대형마트 규제, 600만 입법 청원운동 전개. 중소상인과 민주노동당이 손잡고,
   대형마트 규제 전국대책위 만들기로."《진보정치》(2008.3.12.)

6 "상인 반발에 기업형 슈퍼 첫 제동."《한겨레신문》(2009.7.20.)

06 근대건축물, 철거에서 보존과 활용으로

1 이욱진.「장소성의 인위적 형성을 통한 저층 주거지 재생 연구: 인천시 송월동
   동화마을의 사례」. 2016. 59쪽.

2 "'등록문화재'의 역사. 목포에서 시작." 목포MBC (2019.1.24.)

07 장소성을 지키다

1 걷고싶은도시만들기시민연대.「인사동 '작은 가게 살리기 운동' 자료 모음」.
   1999.

2 최정한·김은희.『인사동에서 마을 만들기를 배우다』. 도서출판 Read &

Change. 2009. 22~26쪽.

3 최정한·김은희. 『인사동에서 마을 만들기를 배우다』. 도서출판 Read & Change. 2009. 62~72쪽.

4 "나는 자연공원 만들라고 땅을 기증했던 것." 《오마이뉴스》(2005.11.29.)

5 서울특별시. 「청계천복원사업 백서」. 2006. 1343쪽.

6 서울특별시. 「청계천복원사업 백서」. 2006. 1013쪽.

7 "벽화 훼손 1년, 인적도 지워진 벽화마을." 《한국일보》(2017.4.11.)

8 "가난까지 상품화하나… 인천 괭이부리마을 쪽방촌에 '1박에 1만원' 체험관 추진 논란." 《국민일보》(2015.7.13.)

08 벽화마을의 탄생. 그려진 벽화, 지워진 벽화

1 "슬로시티 '목포' 무엇이 달라지나." 목포MBC(2019.7.8.)

2 윤미숙. 『춤추는 마을만들기』. 남해의 봄날. 2015. 45~46쪽.

3 변민재. 「소외지역 생활환경 개선을 위한 공공미술 사업 현황 분석: 2006년 시행된 'Art in City 프로젝트'를 중심으로」. 2008. 93쪽.

4 이화동 날개벽화를 그린 김형기 작가 블로그.

5 예술경영지원센터. 「2006 소외지역 생활환경 개선을 위한 공공미술 사업 평가보고서」. 2007. 52쪽.

6 "벽화 훼손 1년, 인적도 지워진 벽화마을." 《한국일보》(2017.4.11.)

7 윤미숙. 『꿈꾸는 마을만들기』. 남해의 봄날. 2015. 74~81쪽.

8 정하나. 「벽화마을 사업이 거주민의 지역 생활만족도에 미치는 영향에 관한 연구: 종로구 이화동 벽화마을을 중심으로」. 2014. 80쪽.

09 확산되는 주민 참여

1 김연금 등. 「커뮤니티공간으로서의 어린이공원 조성에 관한 연구」. 《한국조경

학회지》제35권 6호(2008년 2월). 21~22쪽.

2 김성균. 「주민참여에 의한 마을마당설계: 서울 동작구 사당동 양지공원」.《한국 조경학회지 29권 제3호)(2001년 8월). 68~69쪽

10 어느 날 도시 한복판에 땅이 생긴다면?

1 김기수 외. 「부산 하야리아 부대의 시대적 변화와 건축적 현황에 대한 고찰」. 《석당논총》49집(2011). 78~180쪽.

2 장승복. 「군부대 이전적지 활용 사례에 대한 심층 연구: 부산시민공원 조성과 정을 중심으로」. 2016. 10쪽.

3 장승복. 「군부대 이전적지 활용 사례에 대한 심층 연구: 부산시민공원 조성과 정을 중심으로」. 2016. 13쪽~42쪽.

4 부평사편찬위원회.『부평사』. 2017. 336쪽.

5 부평사편찬위원회,『부평사』, 2017. 517~518쪽.

6 신주백. 「용산과 일본군 용산기지의 변화(1884~1954)」.《서울학연구》, 29(2007 년 8월). 서울시립대학교 서울학연구소. 192~201쪽.

7 최재은. 「폐철도부지 활용을 통한 도심재생 방안 연구: 광주광역시 푸른길 공 원을 대상으로」. 2011. 55쪽.

8 조동범.『푸른길과 옛 기찻길 동네』. 나무도시. 2007. 11~13쪽.

12 때로는 독이 되는 행정의 지나친 친절

1 김성균. 「주민참여에 의한 마을마당설계: 서울 동작구 사당동 양지공원」.《한국 조경학회지》29권 제3호(2001년 8월). 69쪽.

13 돈으로 해결하기

1 "도립극단 '유료' 파격시도 관객들 '매진'으로 답했다."《강원도민일보》
  (2018.10.19.)

2 "펜스 치고 관람료 받는 남강유등축제."《문화일보》(2015.09.16.)

3 "부산불꽃축제, 유료좌석 사이에 놓고 상반된 분위기."《국제신문》
  (2015.10.25.)

14 배제로 해결하기

1 장진희·김연재.「서울 1인가구 여성의 삶 연구: 2030 생활실태 및 정책지원방
  안: 불안정주거와 안전을 중심으로」. 서울시 여성가족재단. 2016. 91쪽.

에필로그

1 정석.『북촌가꾸기 중간평가 연구』. 서울시정개발연구원. 2005.

참고문헌

• 논문 및 보고서

걷고싶은도시만들기시민연대. 「인사동 '작은 가게 살리기 운동' 자료 모음」. 도시연대. 1999.

권평이 · 김진희. 「감천문화마을 주민의 문화욕구 탐색: 의미사용이론을 중심으로」. 《글로벌문화콘텐츠》 제24호. 2016.

김기수 · 안재철 · 나춘선 · 송종목 · 홍순연. 「부산 하야리아 부대의 시대적 변화와 건축적 현황에 대한 고찰」. 《석당논총》 49집. 2011.

김선균. 「주민참여에 의한 마을마당설계: 서울 동작구 사당동 양지공원」. 《한국조경학회지》 제29권 제3호.

김연금 외. 「커뮤니티공간으로서의 어린이공원 조성에 관한 연구」. 한국조경학회지 제35권 6호(2008년 2월). 2008.

김예림 · 손용훈. 「이화동 벽화마을 주민과 관광객간의 장소 정체성 인식 및 경관선호 차이에 관한 연구」. 《한국조경학회지》 제45권 1호. 2017.

김인호. 「학교숲 운동의 현황과 개선방안: 행정주도의 학교숲 조성사업을 중심으로」. 2006.

박신의. 「문화를 통한 지역재생 vs 젠트리피케이션의 그림자」. 2015 한국문화예술영영학회 가을 정기학술대회. 2015.

박정길. 「학교 옥외공간 개방에 따른 공간활용 개선방안 연구: 전주시내 초등학교를 중심으로」. 한국교원대학교. 2009.

박지혜. 「서울 시청 앞 광장의 공간 분석과 도시 공공성의 변천 과정」. 서울대학교. 2017.

변민재. 「소외지역 생활환경 개선을 위한 공공미술 사업 현황 분석: 2006년 시행된 'Art in City 프로젝트'를 중심으로」. 2008.

부평사편찬위원회. 「부평사」. 2017.

서울특별시. 「청계천복원사업 백서」. 2006.

신주백. 「용산과 일본군 용산기지의 변화(1884~1954)」. 《서울학연구》 29. 서울시립대학교 서울학연구원. 2007.

예술경영지원센터. 「2006 소외지역 생활환경 개선을 위한 공공미술 사업 평가 보고서」. 2007.

우은주 · 김영국. 「투어리스트피케이션 현상이 삶의 질에 미치는 영향: 감천문화마을과 흰여울 마을 중심으로」. 《관광경영연구》 제22권 제6호. 2018.

이상훈. 「도시재생사업에서 지역주민의 사회적 배제 현상 분석」. 《관광학연구》 제42권 제3호. 2018.

이승민. 「이화마을의 재생방식 변화과정」. 성균관대학교. 2015.

이신해. 「걷는도시서울」. 서울연구원. 2016.

이욱진. 「장소성의 인위적 형성을 통한 저층 주거지 재생 연구: 인천시 송월동 동화마을의 사례」. 2016.

장승복. 「군부대 이전적지 활용 사례에 관한 심층연구: 부산시민공원 조성 과정을 중심으로」. 경성대학교. 2016.

장진희 · 김연재. 「서울 1인가구 여성의 삶 연구: 2030 생활실태 및 정책지원 방안: 불안정주거와 안전을 중심으로」. 서울시 여성가족재단. 2016.

장하나. 「벽화마을 사업이 거주민의 지역 생활만족도에 미치는 영향에 관한 연구: 종로구 이화동 벽화마을을 중심으로」. 2014.

정석. 「북촌 가꾸기 사례 연구」. 서울시정개발연구원. 2000.

정석. 「북촌 가꾸기 중간평가 연구」. 서울시정개발연구원. 2005.

정윤정 · 김진아. 「이화동 마을벽화 훼손 사건을 통해 본 공공미술의 문제: 아렌트
의 '공적 영역' 개념을 중심으로」.《인문콘텐츠》제42호. 2016.

최재영 · 은소진 · 이종국. 「구도심 지역주민 설문조사를 통한 초등학교 복합화에
관한 연구: 삼덕초등학교를 중심으로」. 청소년시설환경 제7권 제3호. 2009.

최재은. 「폐철도부지 활용을 통한 도심재생 방안 연구: 광주광역시 푸른길 공원을
대상으로」. 2011.

최정한. 「현단계 보행권 회복운동의 전망과 과제」,《공간과사회》, 통권 제8호.
1997.

한국교통연구원 엮음. 「한국의 보행환경 개선: 정책 및 성과」. 한국교통연구원.
2015.

혼순구 · 한세억 · 이현미. 「감천문화마을재생사업의 주민참여 영향요인」.《한국
지방자치학회보》제26권 제2호. 2014.

황동열 · 류희진. 「공공미술 프로젝트에 대한 지역주민 인식이 지역사회 애착도
및 참여의도에 미치는 영향: 서울시 종로구 이화동 벽화마을을 중심으로」.《조형
디자인연구》2015.

• 책

P. D. 스미스.『도시의 탄생』. 엄성수 옮김. 도서출판 옥당. 2015.

강병기.『걷고 싶은 도시라야 살고 싶은 도시다』. 보성각. 2007.

강현수.『도시에 대한 권리 — 도시의 주인은 누구인가』. 책세상. 2010.

권용우 외.『도시의 이해』. 박영사. 2016.

김도현.『차별에 저항하라』. 박종철출판사. 2007.

김영선.『과로사회』. 이매진. 2013.

데이비드 하비.『반란의 도시』. 한상연 옮김. 에이도스. 2014.

리처드 플로리다.『도시는 왜 불평등한가』. 안종희 옮김. 매일경제신문사. 2018.

박소현 · 최이명 · 서한림.『동네 걷기 동네 계획』. 공간서가. 2015.

새로운 사회를 여는 연구원.『새로운 사회를 여는 희망의 조건』. 시대의 창. 2008.

양승훈.『중공업 가족의 유토피아』. 오월의봄. 2019.

에드워드 글레이저. 『도시의 승리』. 이진원 옮김. 해냄출판사. 2011.

에드워드 랄프. 『장소와 장소상실』. 김덕현, 김현주, 심승희 옮김. 논형. 2005.

엘리너 오스트롬. 『공유의 비극을 넘어』. 윤홍근, 안도경 옮김. 알에이치코리아. 2010.

오성훈. 남궁지희. 『보행도시. 좋은 보행환경의 12가지 조건』. 건축도시공간연구소. 2011.

윤미숙. 『춤추는 마을만들기』. 남해의 봄날. 2015.

이소영. 『꿈꾸는 상인들의 마을만들기. 부평에서 길을 찾다』. 도서출판 Read & Change. 2009.

이영범. 『도시의 죽음을 기억하라』. 미메시스. 2009.

이희연 · 한수경. 『길 잃은 축소도시 어디로 가야 하나』. 국토연구원. 2014.

정현목. 『가치있는 아파트 만들기』. 반비. 2017.

제인 제이콥스. 『미국 대도시의 죽음과 삶』. 유강은 옮김. 그린비. 2010.

조동범. 『푸른길과 옛 기찻길 동네』. 나무도시. 2007.

찰스 몽고메리. 『우리는 도시에서 행복한가』. 미디어윌. 2014.

최정한, 김은희 『인사동에서 마을 만들기를 배우다』. 도서출판 Read & Change. 2009.

커뮤니티디자인센터. 『커뮤니티 디자인을 하다』. 나무도시. 2009.

플래런스 페리. 『근린주구론』. 이용근 옮김. 커뮤니케이션북스. 2013.

피터 홀. 『내일의 도시』. 임창호, 안건혁 옮김. 도서출판 한울. 2000.

한국도시설계학회. 『한국도시설계사 — 1960년대~2012년』. 보성각. 2012.

우리가 도시를 바꿀 수 있을까?

도시를 가꾸고 만들고 지켜낸 시민들의 이야기

ⓒ 최성용, 2020 Printed in Seoul, Korea

초판 1쇄 찍은날 2020년 3월 23일
초판 1쇄 펴낸날 2020년 4월 1일

지은이   최성용
펴낸이   한성봉
편집   조유나·하명성·최창문·김학제·이동현·신소윤·조연주
콘텐츠제작 안상준
디자인   전혜진·김현중
마케팅   박신용·오주형·강은혜·박민지
경영지원   국지연·지성실
펴낸곳   도서출판 동아시아
등록   1998년 3월 5일 제1998-000243호
주소   서울시 중구 소파로 131 [남산동 3가 34-5]
페이스북   www.facebook.com/dongasiabooks
전자우편   dongasiabook@naver.com
블로그   blog.naver.com/dongasiabook
인스타그램 www.instargram.com/dongasiabook
전화   02) 757-9724, 5
팩스   02) 757-9726

ISBN   978-89-6262-328-4 03330

이 도서의 국립중앙도서관 출판예정도서목록(CIP)은
서지정보유통지원시스템 홈페이지(http://seoji.nl.go.kr)와
국가자료종합목록 구축시스템(http://kolis-net.nl.go.kr)에서
이용하실 수 있습니다. (CIP제어번호 : CIP2020011998)

※ 잘못된 책은 구입하신 서점에서 바꿔드립니다.

만든 사람들
편집   하명성
디자인   김현중